鶴間和幸　著

始皇帝の愛読書

～帝王を支えた書物の変遷～

山川出版社

はじめに

「始皇帝の愛読書」というタイトルをつけた本書は、始皇帝が五〇年の生涯で、それぞれの時期に実に多様な書物をみずから必要として愛読していたことを明らかにするものである。最晩年の焚書阬儒《ふんしょこうじゅ》という事件からは、儒者を弾圧し、法治一辺倒で過酷な支配者であったという単一的な君主像が作られた。しかし、後世における焚書阬儒の理解だけから始皇帝自身が詩書《ししょ》（詩経《しきょう》と書経《しょきょう》）や、法家《ほうか》以外の諸子百家の書を排除していたというわけにはいかない。法家と始皇帝を安易に結びつけ、法制文書だけを読んでいたとする帝王像は偏見であり、誤解である。

始皇帝ほどさまざまなジャンルの書籍を読み、政治に役立てていた帝王はいないということがわかっていただければ、本書の執筆の目的は果たされる。そこにまた新しい始皇帝像を発見することができるだろう。始皇帝が出会った書物をたどり、また始皇帝の政策のなかに特定の書物を見出すことから、始皇帝の生涯の歴史を新たにたどれるとは当初予想だにしなかった。しかし、王から皇帝へと多難な生涯であったからこそ、いろいろな書物に遭遇し、その知識をみずからの行動に活かしたことがわかってきた。一概に愛読書ではくくりきれない書物ももちろんあったが、始皇帝が出会った書物から得られる知識が始皇帝の行動や政治を大きく左右していたことに驚かされた。始皇帝は十三歳で秦王に即位し（第一章）、二十二歳で親政を始め（第二章）、三十九歳で皇帝になり（第三章）、四十五歳でふたたび戦争を始め、五十歳で生涯を終えた（第四章）。それぞれの時期ごとに大きな影響を与えた書物が変わっていたことに気づくと、これまでにない思いをめぐらせながら筆を進めることができた。

相邦《しょうほう》の呂不韋《りょふい》に支えられていた若き秦王の時期には帝王学を学ぶために『商君書《しょうくんしょ》』を読み、荀子《じゅんし》から学んだ帝王の術を秦に持ち込んだ李斯《りし》の言論にも熱心に耳を傾けた。君臣関係の機微を説いた『韓非子《かんぴし》』の書もこの時期に熱心に読んだものである（第一章）。嫪毐《ろうあい》の乱の終結と呂不韋の死後、親政が始まった時期には、もっぱら東方六国との外交と戦争を進めるために、亡き呂不韋の書に傾倒した（第二章）。三十九歳で六国を征服し、天下を統一してからは、皇帝としてあらためて呂不韋の書と向き合うことになった。さらに鄒衍《すうえん》の五行と大九州の書によって、統一され

明代（17世紀）の『三才図会』に描かれた秦の始皇帝

た天下観をみずからのものにしようとした。泰山封禅《たいざんほうぜん》を通じて儒家《じゅか》との関係もこのときに強まった（第三章）。四十五歳からの晩年は、みずからの死を意識し、方士《ほうし》の書や『老子』、卜筮《ぼくぜい》の書と出会いながら、みずからの陵墓の建造にも関心をもった（第四章）。私たちにも少なからず年齢に応じた読書傾向があるように、始皇帝はとりわけみずからの政治や生き方に書物上の知識を活用しようとする意欲が強かったことがうかがえる。波乱の生涯の読書傾向の変化は顕著であった。帝王学を学んだ若い十代には、方士の不老不死の書には関心はなかっただろうし、外交と戦争の時代には、統一の世界観には実感を持てなかっただろう。書物から人間始皇帝の成長と変化を探ることができた。

始皇帝自身が各種の書物とどのように出会い、どのように読んでいたかは、当然、現代の私たちの場合とは違うはずである。本書ではそのことを強く意識して執筆した。たとえば私たちは、始皇帝が『韓非子』の内容をどのように知り、将来の帝王としてどのように読んだのか、これまであまり意識することはなかった。そもそも始皇帝の時代の『韓非子』の書は、現在とは違い、韓非の著作集ではなかった。そのこともあまり意識することはなかった。『韓非子』の書は帝王が読む場合と臣下が読む場合では受け取り方が違うし、ましてやいまの私たちが中国の古典として読む場合とはまったく違う。また『商君書』は、私たち中国古代史の研究者は、秦が商鞅《しょうおう》の変法を経て大きく国家体制を変えていったことを知る史料文献として読む。中国古代史研究の重要文献である。しかし、当然ながら始皇帝はみずからの帝王学を学ぶ書物として読んでいたはずである。始皇帝に関する史料を提供してくれる『史記』を編纂《へんさん》した太史令司馬遷《たいしれいしばせん》でさえ、同書の読み方は帝王始皇帝とは違っていたはずだ。書物の書き手の意図、読み手の受け取り方に立ち返って、始皇帝をめぐる書物を解析していきたい。

筆者はすでに『始皇帝の地下宮殿～隠された埋蔵品の真相～』において、まだ発掘されていない始皇帝の地下宮殿に何を埋蔵したのかを推測した。そのなかには行政文書ばかりか書籍類も含まれていたはずである。本書は前書をふまえて地下宮殿に埋蔵したであろう書籍の内容に迫っていきたい。

目次

序章

始皇帝の時代の書物

「読書」と「見書」

司馬《しば》遷《せん》は太史令《たいしれい》（国家の祭祀儀礼の書記官）の職務上、各種の書物を読み、『史記《しき》』の編《へん》纂《さん》に役立てた。一方、帝王の始皇帝は書物を見て、政治とみずからの生き方に直結させた。当然ながら二人の読書の形態は異なった。司馬遷は『史記』の巻末の論賛《ろんさん》（太史公のまとめのことば）の各所で、『史記』編纂に関係する書物を読んだことに言及している。

「吾《われ》『秦記《しんき》』を読む」（巻六秦始皇本紀《しんしこうほんぎ》）という一節から、秦国の史書をもとに始皇帝の本紀をまとめたことがわかる。「吾『管子《かんし》』の牧民《ぼくみん》、山高《さんこう》、乗馬《じょうば》、軽重《けいちょう》、九府《きゅうふ》を読む」（巻六二管仲列伝《かんちゅうれつでん》）と書いていることからは、『管子』の五篇を読み、春秋時代の斉《せい》の桓公《かんこう》の丞相管《じょうしょうかん》仲《ちゅう》の伝記をまとめたことがわかる。「余『牒《ちょう》』を読む」（巻一三三代世表）とは、年表を参照したことを意味する。「余『高祖《こうそ》功臣』を読む」（巻一八高祖功臣侯者年表）という記述は、高祖劉邦《りゅうほう》に仕えた一三七名一人一人の事績を参考にしたことを示している。「余『離騒《りそう》』を読む」（巻八四屈原《くつげん》列伝）からは、戦国楚《そ》の政治家屈原の詩を読み、屈原の生涯に感情移入しながら記述したことがわかる。「余嘗《かつ》て『商君《しょうくん》』開塞《かいそく》、耕戦《こうせん》書を読む」（巻六八商君列伝）からは、おそらく始皇帝とは別に『商君書』の特定の二篇を読んでいたことがわかる。「余独り『韓子《かんし》』（『韓非子』は現在のテキストの書名）の説難《ぜいなん》を為すも自ら脱せざるを悲しむのみ」

（巻六三韓非列伝）と『韓非子』の一篇を読書した感想を記し、韓非が秦の国で自殺を強いられたことを悲しんでいる。始皇帝とは異なる『韓非子』の読み方であった。『史記』最終章の巻一三〇太史公自序では李陵《りりょう》の事件に遭遇し、先人の著書が発憤の想いを込めたものであることに同調する。みずからもそれに倣いたいという思いから、『詩書』『周易《しゅうえき》』『春秋』『離騒』『国語』『孫子兵法』『呂覧《りょらん》』（『呂氏春秋《りょししゅんじゅう》』）、『説難』『孤憤《こふん》』『詩』三〇〇篇を挙げている。

『史記』を編纂した司馬遷（『三才図絵』より）

一方、始皇帝の場合は、「書を読む」とは言わない。「秦王、孤憤、五蠹《ごと》の書を見る」と言う。司馬遷の「読書」と始皇帝の「見書」との違いが見えてくる。帝王ともなれば書物は献上されるものであり、実際に鄒衍《すうえん》の『終始五徳之運《しゅうしごとくのうん》』の書は斉人が上奏《じょうそう》し、始皇帝が採用した。方士の盧《ろ》生《せい》は『録図書《ろくとしょ》』を上奏した。「奏す」とか「上奏す」というのは文書だけでなく書物も含まれる。

現代中国語でも「本を読む」意味のことばには、「読書《トウシュー》」、「念書《ニエンシュー》」、「看書《カンシュー》」の三つの言い方がある。「念書」は念仏の念であり、明らかに声を出して読むことからきたことばであり、看書は書を見ることからきたことばであり、「読書」は声を出しても出さなくても本を読むことを広く指すことばである。声を出して読む場合は、明らかに聞き手がいるし、声を出さないで読む場合は一人黙読する。現代語の「看書」に当たるのが「見書」という言い方である。帝王の読書はまさに「書を見る」であった。

司馬遷は太史公として書物を点検し、もっぱら声を出しながら簡牘《かんとく》に筆写した。始皇帝はみずから書を写す必要はないので、声を出す必要はない。とはいえ「書を見る」と言っても、もちろん書の体裁だけを見ただけではなく、書の簡牘を声を出さずに黙読する形態をとった。

書物の表題

始皇帝はどのような体裁の書物を見ていたのだろうか、当時の書物の形をまず見ておこう。竹簡の巻物の書物では、紙の書物のような表紙などはない。出土した簡牘の書物は無題が多く、その場合は出土史料の整理担当者が内容から題名を付けている。書物には竹簡、木簡のような一枚一行書きを綴《と》じ合わせたものと、幅のある木片（木牘《もくとく》といい、例外的に竹牘《ちくとく》もある）に複数行で記したものがある。全体を総称して簡牘という。書名がある竹簡は、内側に巻き付けるので、裏面に記してある。綴じてある竹簡を最終簡の左から巻き上げれば、右端

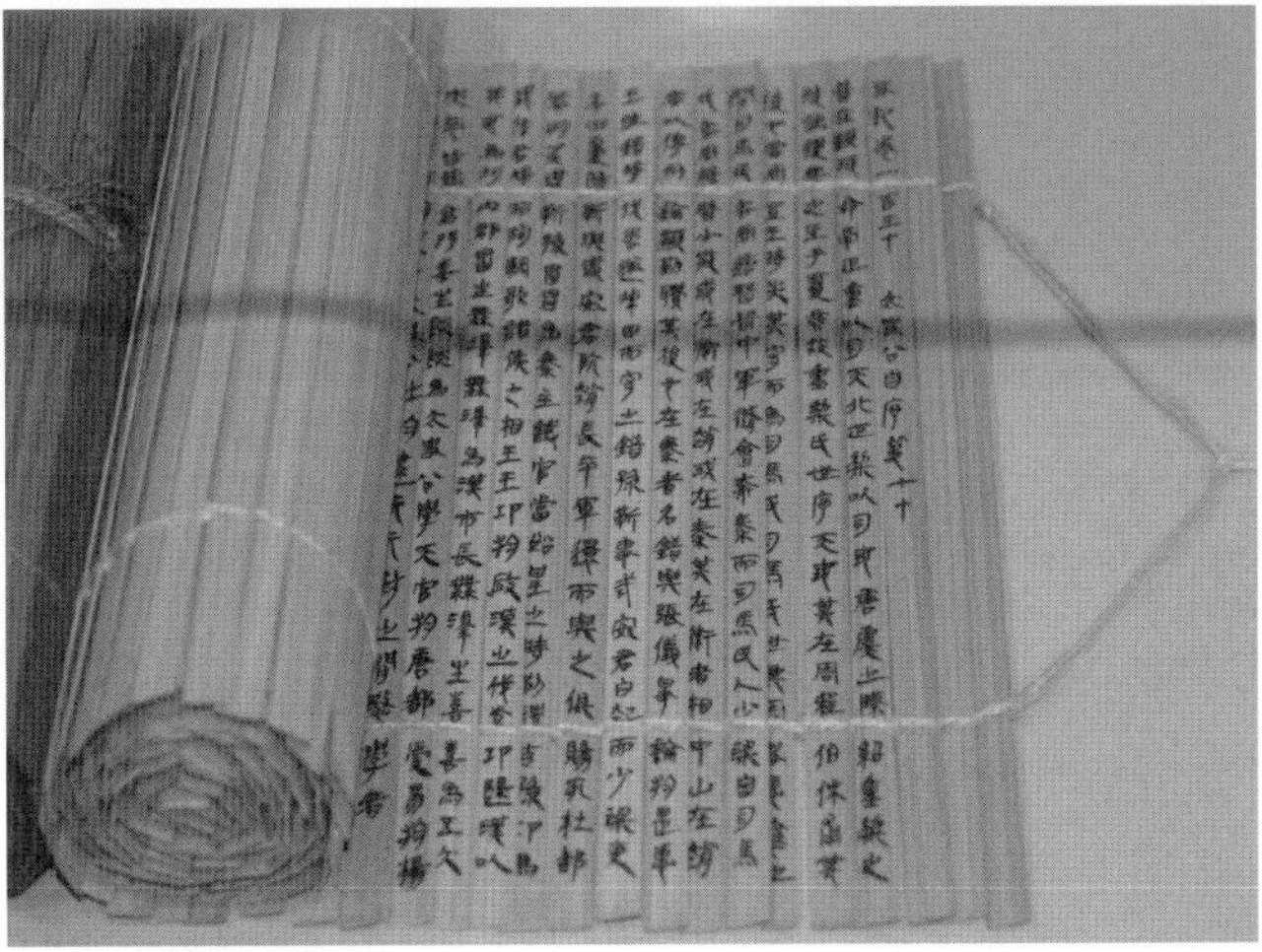

『史記』竹簡のレプリカ

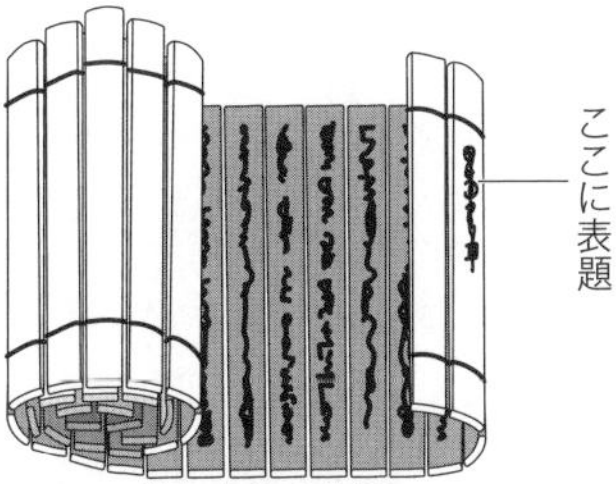

読むための書籍

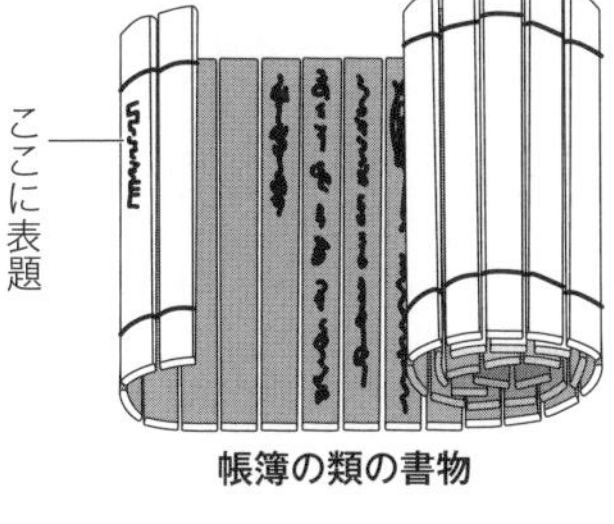

帳簿の類の書物

の第一簡あるいは第二簡の裏面に書名を記す。北京大学蔵漢簡《ぺきんだいがくぞうかんかん》のなかの『趙正書《ちょうせいしょ》』や、張家《ちょうか》山漢簡《ざんかんかん》の『二年律令《にねんりつれい》』『算数書《さんすうしょ》』はその例である。逆に書き終えた順に一枚目の右から内側に巻き込んで、未記入の簡を最後に残す場合、左端の最終簡の裏面に書名を記入することもある。睡虎地秦簡《すいこちしんかん》の『語書《ごしょ》』や『封診式《ほうしんしき》』がその例である。冨谷至氏は前者が読むための書籍であり、後者は追加して加筆し、整理されるべき性格の帳簿ファイルの類であると言う。

書題の付け方は、著者の名前をそのまま書名にしたものが多い。個人の著者の文章を集めた書、いまで言う個人の著作集というものであった。『漢書《かんじょ》』芸文志《げいもんし》には、『曽子《そうし》』一八篇、『魏文侯《ぎぶんこう》』六篇、『孟子』一一篇、『孫卿子《そんけいし》』三三篇、『羊子《ようし》』四篇（全部で一〇〇章、秦の博士の書）、『荘子《そうじ》』五二篇、『孫子《そんし》』二篇、『鄒子《すうし》』四九篇（斉人鄒衍の書）、『鄒子終始《すうししゅうし》』五六篇、『李子《りし》』三二篇（戦国李悝《りかい》の書）、『商君』二九篇（商鞅《しょうおう》の書）、『韓子』五五篇（韓非の書）、『墨子《ぼくし》』七一篇（墨翟《ぼくてき》の書）、『蘇子《そし》』三一篇（蘇秦《そしん》の書）、『張子《ちょうし》』一〇篇（張儀《ちょうぎ》の書）、『呂氏春秋』二六篇（秦相呂不韋の書）、『公孫鞅』二七篇（商鞅の書）、『呉起《ごき》』四八篇などが見られる。『龐煖《ほうけん》』二篇（燕将《えんしょう》の書）と『龐煖』三篇（兵書）、『尉繚《うつりょう》』二九篇と『尉繚』三一篇（兵書）は同名の著者名が書名となっているので、内容の区別がわからない。一方、内容から書名を付けたものは意外と少ない。『楚漢春秋』九篇、『戦国策』三三篇、『詩経』

二八巻、『秦時雑賦《しんじざつふ》』九篇などである。

一篇の書の分量

始皇帝のもとに集まってきた書物は膨大な数にのぼったことだろう。焚書令《ふんしょれい》が下されたときに「天下の書」を収めて有用な書であるかどうかが選別されたという。どれほどの分量であったのかはわからない。

書籍の分量は少ないものも多い。『蒼頡《そうけつ》』一篇（一篇のなかが七章に分けられる）、『秦零《しんれい》陵令信《りょうれいしん》』一篇（秦相李斯《りし》を難じた書）、『呉子《ごし》』一篇などである。篇は竹簡を綴じたものの一束である。

漢代の司馬遷の『史記』の原題は官職名太史令を取って『太史公書』といい、一三〇篇、五二万六五〇〇字であった（『史記』巻一三〇太史公自序）。『漢書』芸文志の図書目録では、『太史公』を書名とし、一三〇篇という。一篇を一束（一巻き）とすると、一三〇もの竹簡の束が積み上がった書籍は特別な分量の大著である。総文字数を篇数の一三〇で割ると一篇の平均は四〇五〇字、一簡を二五字として割ると一六二枚になる。手元にある複製の竹簡一五〇枚は一枚一センチメートル幅、全体を広げると一五〇センチメートルとなる。このあた

竹簡（複製）

りが一篇の最大量の目安となる。

しかし、始皇帝は、そのような『太史公書』のような大部《たいぶ》の書籍の束を積み重ねて愛読していたというよりは、実は一篇単位で多くても竹簡一〇〇〜一五〇枚程度の書を数多く読んでいたと考えられる。始皇帝が読んだ『韓子』（現在の『韓非子』）も孤憤篇と五蠹篇だけであり、現在の『韓非子』全体の大部を読んでいたわけではない。始皇帝は同時代の韓非の言論のうち、孤憤と五蠹と題した内容に惹かれて個別に読んでいたのである。孤憤篇は文字数一四二〇を二五字で割ると五七枚程度、五蠹篇は四〇〇八字を二五字で割ると一六〇枚程度の竹簡数になる。司馬遷もとくに説難篇を読んでいる。説難篇は一二一八字で四九枚である。始皇帝も司馬遷も韓非の死後にまとめられた『韓子』五五篇全体を読んでいたわけではなかった。五七〜一六〇枚程度の一篇の書を読んでいたのである。

はじめての秦の時代の出土竹簡である睡虎地十一号秦墓の文書の分量を見てみよう。『編年記《へんねんき》』（竹簡五三枚）、『法律答問《ほうりつとうもん》』（竹簡二一〇枚)、『為吏之道《いりのみち》』(竹簡五一枚、冒頭句「凡為吏之道」)には題目はなく、『語書』(竹簡一四枚)、『封診式』(竹簡九八枚)は最後の一枚の裏面に題目が記されていた。一篇の分量は、一四枚から二一〇枚まで内容に応じて異なる。

簡牘の文字制限

岳麓秦簡《がくろくしんかん》の律令に、公文書の簡牘一枚における文字数と行数の規定が記されていた。一枚の竹簡を牒《ちょう》と言い、一〇〇牒(一〇〇枚)を過ぎたら別に綴じ、一〇〇牒を過ぎて一篇としてはならないとある。竹簡一〇〇枚が一篇の基準であったことがわかる。上の五蠹篇一六〇枚などは公文書では一篇にすると少しかさばる分量である。規定では、牘《とく》(木牘)の場合は、一枚の牘は五行を過ぎてはならない。そして五行の牘の幅は一と九分の八寸(約四・三センチメートル)、四行の牘の幅は一と三分の二寸(約三・八センチメートル)、三行の牘の幅は一と二分の一寸(約三・四五センチメートル)とされている。また、長さ一尺二寸(二七・六センチメートル)の牘は一行二六字を過ぎてはならず、長さ一尺(約二三センチメートル)の牘は一行二二字を過ぎてはならない。大変細かな規定である。五行書きの木牘が公文書として位置づけられていることが意外である。五行までは竹簡の文書よりも木牘を優先してい

潺湲北渡迂兮浚流難搴長茭兮沈美玉
河伯許兮薪不屬　薪不屬兮衛
人之罪燒蕭條兮噫乎何以禦水穨林竹兮
楗石菑　宣房塞兮萬
福來於是卒塞瓠子築宮其上名曰宣房
宮而道河北行二渠以復禹舊迹而梁楚之
地復寧無水災自是之後用事者爭言水
利朔方西河河西酒泉皆引河及川谷以溉
田而關中輔渠靈軹　引堵水
汝南九江引淮東海引鉅定　泰
山下引汶水皆穿渠為溉田各萬餘頃佗小
渠陂山通道者不可勝言然其著者在宣
房
太史公曰余南登廬山觀禹疏九江遂至于
會稽太湟　上姑蘇望五湖東闚洛
汭大邳迎河行淮泗濟漯洛渠西瞻蜀之岷
山及離碓北自龍門至于朔方曰甚哉水之
為利害也余從負薪塞宣房悲瓠子之
詩作河渠
河渠書第七　史記廿九

唐代（7～8世紀）の『史記』河渠書の写本の残巻（東京国立博物館所蔵）

紙の時代の『史記』

ることがわかる。木牘二枚で一〇行、三枚で一五行、何行から竹簡に切り替えたかはわからないが、五行木牘は一行二六字で一三〇字、四行木牘は一〇四字、三行木牘は七八字となる。

『史記』史料の文書化（一）

『史記』秦始皇本紀から、始皇帝と中央高官の間の政策決定に関する文章を取り出し、律令の規定に従って文字を配列してみよう。私たちが見慣れている北宋代（九六〇～一一二七年）以降の印刷時代の『史記』のテキストや現代の中華書局版の『史記』活字本とは違う印象をもつ。始皇帝が生きている時代に実際に見た文書を理解する上では、この感覚が大切だと思う。

取り上げる文章は、始皇二十六（前二二一）年の統一の年、丞相王綰《おうわん》の発議から始まる。秦から遠く離れた旧燕《えん》、斉、荊《けい》（楚。秦は荘襄王《そうじょうおう》子《し》楚《そ》の名を避けて同じ意味の荊を国名とした）の地には皇帝の諸子を王にして統治すべきという提案が出された（①）。始皇帝は群臣に議論させたところ、みなよい考えだと賛成した（②）。ところが廷尉《ていい》の李斯だけは強く反対し（③）、最後に始皇帝が李斯の意見に従った（④）。封建制を選ばずに郡県制を徹底しようという重要な議論である。この文章を律令の規定通り木牘の一行二六字に並べて行数を確認してみよう。その結果、段落で改行せずに文章を続ければ、以下のように七行、わずか二枚の木牘に収まる。当然だが、原文は句読点のない漢字だけのいわゆる白文である。

①丞相綰等言諸侯初破燕齊荊地遠不為置王毋以填之請立諸子
唯上幸許②始皇下其議於羣臣羣臣皆以為便③廷尉李斯議周文武
所封子弟同姓甚衆然後屬疏遠相攻撃如仇讎諸侯更相誅伐周
天子弗能禁止今海内賴陛下神靈一統皆為郡縣諸子功臣以公
賦税重賞賜之甚足易制天下無異意則安寧之術也置諸侯不便
④始皇曰天下共苦戰鬭不休以有侯王賴宗廟天下初定又復立國
是樹兵也而求其寧息豈不難哉廷尉議是

もし①〜④をそれぞれ簡牘に書き分ければ、①の丞相王綰の発議は二行木簡、②の始皇帝の群臣への議論要請は一行木（竹）簡、③の廷尉李斯の反論は四行木牘、④の始皇帝の最終判断は二行木簡に収まる。これまで私たちは『史記』のテキストの原典に公文書があることは認識していたが、それは単純に竹簡文書と考えていた。しかし、律令の規定に従うと、長文ではないので木牘文書であった可能性が高いと考えられる。原文書を多数集成して保存する場合は、竹簡に引き写してまとめたのであろう。司馬遷は漢王朝の文書庫に残る秦の史料を見て、本紀に取り込んだ。細かな箇所を付言すれば、原文では②の「羣臣羣臣」の四字は重字記号を用いて「羣〻臣〻」と表記する。また、②④の「始皇」は死後の称号であるので、「皇帝」と表記する。原則、始皇帝の生前には始皇とは言わない。『史記』では三字の始皇帝よりも二字の始皇の方が多い。

①
丞相綰等言諸侯初破燕齊荊地遠不為置王毋以填之請立諸子
唯上幸許

②
皇帝下其議於羣〻臣〻皆以為便

③
廷尉李斯議周文武所封子弟同姓甚眾然後屬疏遠相攻擊如仇
讎諸侯更相誅伐周天子弗能禁止今海內賴陛下神靈一統皆為
郡縣諸子功臣以公賦稅重賞賜之甚足易制天下無異意則安寧
之術也置諸侯不便

④
皇帝曰天下共苦戰鬬不休以有侯王賴宗廟天下初定又復立國
是樹兵也而求其寧息豈不難哉廷尉議是

漢字ばかりが並んでいる白文の読み方のコツは、四字句のリズムと接続詞・副詞・終助詞での息継ぎに注目することにある。とくに「四字句」は安定したリズムがあり、〈三字句〉をはさむと変化が加わる。終助詞は句点に相当するが、使いすぎるとリズムが崩れるので、少ない。接続詞では読点のようにそこで息を継いでいく。現代中国語でも音読すれば、文章のリズムがわかり、句読点はなくても読みこなせる。そもそも日本人が句点（。）と読点（、）を施して漢文を読むようになったのは明治以降で、比較的新しい。中国でも二〇世紀前半の中華民国の時代からである。中国語を学んでいなくても、日本人は漢語の語彙数はもともと豊富である。中国語の単語は二音節が基本なので、文中からその単語を拾い出すことは難しくはない。

丞相・諸侯・諸子・群臣・廷尉・子弟・同姓・疎遠・攻撃・誅伐・禁止・海内《かいだい》・陛下・神霊・一統・郡県・仇讐《きゅうしゅう》・功臣・賦税・賞賜・天下・異意・安寧・共苦・戦闘・不休・侯王・宗廟・立国・寧息

これらの単語の発音は、現代の日本語には古代の発音（中古音という唐代の漢音）が伝わっているため、私たちはより当時に近い発音とリズムで読むことができる。これだけで白文でも八割方内容を理解することができるのである。「四字句」と〈三字句〉をわかるように示すと以下のようになる。句読点だけを施すよりも、内容を理解しやすい。

①「丞相綰等」言「諸侯初破」「燕齊荊地」遠「不為置王「毋以填之」「請立諸子」「唯上幸許」②始皇〈下其議〉〈於羣臣〉羣臣「皆以為便」③「廷尉李斯」議〈周文武〉「所封子弟」「同姓甚衆」然後〈屬疏遠〉〈相攻擊〉〈如仇讎〉諸侯「更相誅伐」〈周天子〉「弗能禁止」〈今海內〉〈賴陛下〉「神靈一統」「皆為郡縣」「諸子功臣」「以公賦稅」「重賞賜之」「甚足易制」天下「無異意則」「安寧之術」也〈置諸侯〉不便④〈始皇曰〉「天下共苦」「戰鬬不休」「以有侯王」〈賴宗廟〉「天下初定」「又復立國」「是樹兵也」而「求其寧息」「豈不難哉」「廷尉議是」

①の丞相王綰、③の廷尉李斯、④の始皇帝がそれぞれ上古音（周秦漢の音韻）で音読した光景が浮かんでくる。

『史記』史料の文書化（二）

秦始皇本紀の同じ始皇二十六年条にはもう一つ重要な皇帝号決定の議論がある。同じように律令の規定に従って公式文書の形態に直してみよう。まだ皇帝になっていない秦王が皇帝号を採用する重要な審議である。内容は本論で後述するので、ここでは文書の体裁だけにとどめ、「四字句」と〈三字句〉をわかるようにして段落分けしてみよう。

①〔秦王の帝号を求める発議：一行二六字でちょうど九行で二枚の木牘に収まる。五行目の「秦秦」の部分は、実際は「秦〻」と重字記号を付けて一字扱いとなる。〕

秦「初并天下」令「丞相御史」曰「異日韓王」「納地效璽」「請為藩臣」「已而倍
約」與「趙魏合從」〈畔秦故〉「興兵誅之」〈虜其王〉「寡人以為」善〈庶幾息〉兵革
〈趙王使〉「其相李牧」〈來約盟〉故「歸其質子」「已而倍盟」「反我太原」故「興兵
誅之」〈得其王〉「趙公子嘉」乃自「立為代王」〈故舉兵〉〈擊滅之〉〈魏王始〉「約服
入秦」已而〈與韓趙〉〈謀襲秦〉「秦兵吏誅」〈遂破之〉〈荊王獻〉「青陽以西」「已而
畔約」「擊我南郡」〈故發兵〉「誅得其王」遂「定其荊地」「燕王昏亂」「其太子丹」
〈乃陰令〉「荊軻為賊」兵吏「誅滅其國」齊王「用后勝計」〈絕秦使〉〈欲為亂〉兵
吏「誅虜其王」〈平齊地〉〈寡人以〉「眇眇之身」興兵〈誅暴亂〉賴「宗廟之靈」六
王「咸伏其辜」「天下大定」今「名號不更」無以〈稱成功〉〈傳後世〉「其議帝號」

臣斯臣去疾御史夫=臣(徳)
昧死言

泰山刻石の残石にみえる大臣名（1～2行目）
御史大夫は御史夫と書いている。（『金石圖說』より）

②〔丞相王綰・御史大夫馮劫《ふうきょう》・廷尉李斯の提案、五行。一行目の大夫は泰山刻石のように夫に「夫=」と重字記号を付けて一字扱いとし、大・夫として二度読みする。〕

〈丞相綰〉「御史大夫」劫「廷尉斯等」皆曰「昔者五帝」「地方千里」其外「侯服夷服」「諸侯或朝」或否天子〈不能制〉〈今陛下〉〈興義兵〉〈誅殘賊〉「平定天下」海內〈為郡縣〉法令〈由一統〉自「上古以來」〈未嘗有〉五帝〈所不及〉臣等「謹與博士」議曰「古有天皇」〈有地皇〉〈有泰皇〉「泰皇最貴」「臣等昧死」〈上尊號〉「王為泰皇」〈命為制〉〈令為詔〉「天子自稱」曰朕

③〔秦王の皇帝号選択の判断、一行。號號は號に重字記号で一字扱い。〕

王曰「去泰著皇」〈采上古〉〈帝位號〉「號曰皇帝」〈他如議〉

④〔裁可、一行〕
　制曰可

①〜④を事後にまとめた記録文書では一時に進行したように連続して記すが、本来の時系列は、①の始皇帝の発議の木牘の文書を受けたのち、②では博士の意見も取り入れながら意見をまとめる作業を経て文書を提出した。始皇帝はそれらをふまえて③でみずからの見解をまとめ、④で裁可した。本来は別々の木簡文書でのやり取りであったと思われる。①の九行、②の五行は木牘、③の一行、④の一行は竹簡か木簡に記したのであろう。竹簡であれば五〇行〜一〇〇行ほどにまとめるのが適量だからである。

出土竹簡の文書

湖南大学の岳麓書院と北京大学が収蔵する秦簡は、いずれも発掘されたものではなく、秦墓から盗掘されたものである。行政文書だけでなく、書籍簡も見られる。岳麓秦簡は二〇〇七年に岳麓書院が香港で購入した二一七六枚の秦の竹簡と、二〇〇八年に香港の蔵書家が寄贈した七六枚の竹簡も含む。内容は『奏讞書《そうげんしょ》』『為吏治官及黔首《いりちかんおよびけんしゅ》』『占夢書《せんぼうしょ》』『質日《ちじつ》』『数書《すうしょ》』『律令』などである。盗掘簡であるために、墓地の場所や被葬者の名前などはわからない。『律令』は統一前（始皇十三、十四、二十、二十五年、もちろん始皇とは言わず年号の数字だけである）と統一後（始皇二十六、二十七、二十九年）の年代が見られ、『奏讞書』も始皇十八、二十、二十二、二十三、二十五年と統一前の年号が記されている。

北京大学所蔵秦簡の方は、二〇一〇年に北京大学に寄贈された秦代の竹簡七六二枚、木簡二一枚であり、『質日』『算書』『日書』『医書』『九九表』『田書《でんしょ》』『道里書《どうりしょ》』『祠祝之道《ししゅくのみち》』『善《ぜん》女子之方《じょしのほう》』『従正之経《じゅうせいのきょう》』『泰原有死者《たいげんゆうししゃ》』など多彩な内容である。

岳麓秦簡の律令の文書のなかに、さきの『史記』の郡県制、皇帝号と同じ年に出された法令がある。三枚の竹簡に始皇二十六（前二二一）年の巡行時に法令を下した審議過程がうかがえる。この文書は地方官吏のために竹簡に綴じた法令集であり、木牘ではなく、三簡にまとめられた。まず竹簡の文字の配列に従って並べてみよう。

①●廿六年四月己卯丞相臣状臣綰受制相（湘）山上自吾以天下已并親撫晦（海）内南至蒼梧
凌渉洞庭之（三八字）

②水」登相（湘）山屛山其樹木野美望駱翠山以南樹木□（顧？）見亦美其皆禁勿伐臣狀臣綰請其（三四字）

③禁樹木盡如禁苑樹木而令蒼梧謹明為駱翠山以南所封刊臣敢請④制曰可　・廿七（三二字）

（『嶽麓書院蔵秦簡伍（律令）』上海古籍出版社、二〇一七年）

内容に従って整理してみると、本来の文書の体裁が見えてくる。

①●廿六年「四月己卯」丞相「臣狀臣綰」受「制相（湘）山上」（十八字）

②〈自吾以〉「天下已并」「親撫晦（海）内」「南至蒼梧」淩渉「洞庭之水」登「相（湘）山屛山」其「樹木野美」「望駱翠山」「以南樹木」「□（顧？）見亦美」其「皆禁勿伐」（四八字）

③「臣狀臣綰」請「其禁樹木」盡如「禁苑樹木」而令「蒼梧謹明」「為駱翠山」以南〈所封刊〉〈臣敢請〉（三三字）

④制曰可（三字）

①は表題に当たる部分、●は文頭の記号。二十六年を廿六年と記すのも同時代の秦の文書

の書き方である。始皇二十六年は『史記』の年代表記であり、始皇帝が生きていた時代の文書ではただ年号だけが記される。二十六年四月己卯《きぼう》の日に丞相の隗状《かいじょう》と王綰（皇帝に対しては姓を省き臣某と称する）が制（皇帝の命）を湘山《しょうざん》のほとりで受けた。②は「吾は天下をすでに併せてから、みずから海内《かいだい》（天下）をしたがえ、南は蒼梧に至り、洞庭の水（洞庭湖）を渡り、湘山と屏山を登ると、樹木の野は美しい。とくに駱翠山《らくすいざん》以南の樹木も望むととても美しいので、それらを伐採してはならない。」という始皇帝自身のことばである。

官吏が法令だけを学ぶのであれば③の「其禁樹木盡如禁苑樹木而令蒼梧謹明為駱翠山以南所封刊（禁苑の樹木と同じように樹木の伐採を禁ずる。蒼梧（郡）に命じ、駱翠山以南の禁止区域の境界を明らかにさせる。）」の部分だけでよいのだが、この法律の成立の経過のなかに、始皇帝の意志が強く働いていることを読み手に理解させるものである。岳麓秦簡の律令部分は一二六七枚もの竹簡の法令集である。睡虎地秦簡も『法律答問』竹簡二一〇枚、『封診式』竹簡九八枚は地方官吏が学ぶための書であった。地方官吏が学ぶべきテキストであるが、そのなかに始皇帝自身のことばや、始皇帝へ進言した官吏のことばがうかがえる。

実際に、出土木牘は書籍の一形態として確認できる。竹簡に換えると数枚程度のものに相当する。少ない竹簡の枚数では、一枚の板状のものに文字を書いた方が錯簡《さっかん》（文字や文章の順が入れ違うこと）もなく、そのまま積み重ねて保存するにも便利であったのであろう。秦の木牘の事例は、湖南省《こなんしょう》益陽県《えきようけん》兎子山《としざん》遺址《いし》九号井戸出土に一一枚の木牘があり、二世皇帝の即位後に発布した二枚の詔書《しょうしょ》があった。二世皇帝元年十月甲午（二十一日）に発布され、十一月戊午（十五日）に益陽県の守府《しゅふ》に到着したと記されている。詔書木牘という公文書にも使われていたので、木牘も書の一形式として重要であったことがわかる。

睡虎地四号秦墓からは五行書きの書簡木牘が二枚出土している。北京大学蔵秦簡では「泰原有死者」（冒頭句・無題）と書かれた八行一六五字の物語木牘がある。長さ二三センチメートルは一尺の長さ、幅は四・七センチメートル。八枚の竹簡を並べて紐で綴じるよりは、

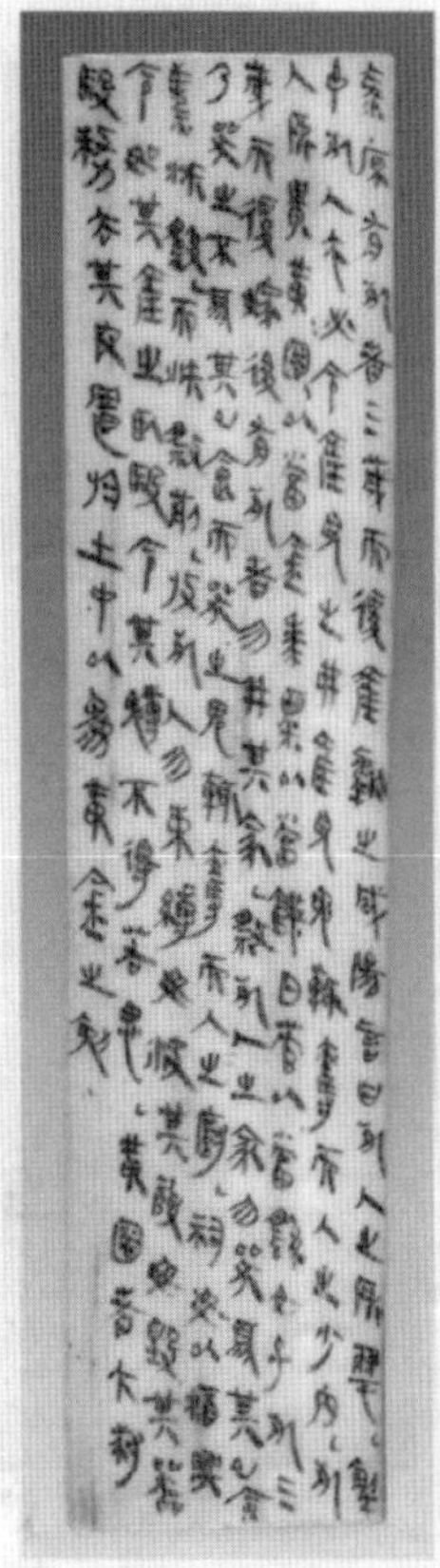

「泰原有死者」の木牘
（『文物』2012年第6期）

簡便な形態である。このような短編の書籍もあり得たのである。

帛書の書籍

『漢書』芸文志の図書目録を見ると、竹簡時代の中国古代の書物の形態がよくわかる。紙の時代の『隋書《ずいしょ》』『新旧唐書』の図書目録と比較すると明らかである。『隋書』経籍志《けいせきし》では書籍のすべてが巻で記され、篇はない。『史記』一三〇篇は一三〇巻となる。

漢代の篇と巻の区別は、竹簡を紐で綴じたものが篇であり、絹地に筆記した帛書《はくしょ》の巻物が巻である。とくに帛画《はくが》の図解ものなどは巻で数えた。長沙馬王堆漢墓《ちょうさまおうたいかんぼ》出土の帛書は、本来竹簡に書かれる書籍も含まれる。そのなかにある『春秋事語《しゅんじゅうじご》』（本来は無題）は縦二三センチメートル、幅七四センチメートル、九七行が、三センチメートル幅の木片に一二、三周巻かれていたが、出土時は二〇〇の残片になっていたという。

同じ字数の竹簡一篇と帛書一巻であれば、当然、帛書一巻の方がコンパクトにまとまり、かさばらない。『漢書』芸文志であえて巻で数える『左氏伝《さしでん》』三〇巻、『公羊伝《くようでん》』一一巻、『穀梁伝《こくようでん》』一一巻などは、図はないが帛書であったのだろう。『魏公子《ぎこうし》』二一篇、図一〇巻というのは、魏の信陵君無忌《しんりょうくんむき》の書だが、文字の部分は竹簡の書で、図の部分は帛画の巻物であったと思われる。天文、占卜《せんぼく》、暦、年譜、医書など図解が入るものは帛書であり、巻で数えた。たとえば『五残雑変星』二一巻、『海中星占験』一二巻（星座の書は帛書か）、『顓頊暦《せんぎょくれき》』二一巻、『古来帝王年譜』五巻、『陰陽五行時令』一九巻、『刑徳《けいとく》』七巻（馬王堆帛書にあり、戦争の占いの書）、『羨門式《せんもんしき》』二〇巻（図解、馬王堆帛書の導引図《どういんず》のようなものか）、『周易』三八巻（図ありか、占卜の書は巻）、『黄帝長柳占夢《こうていちょうりゅうせんぼう》』一一巻、『相人』二四巻、『宮宅地形』二〇巻、『相宝剣刀』二〇巻、『相六畜』三八巻、『黄帝内経《こうていだいけい》』一八巻、『風寒熱十六病方』二六巻、『黄帝雑子芝菌《こうていざっししきん》』一八巻（神仙書）などである。

始皇帝の時代の帛書はまだ発見されていないが、馬王堆前漢墓からは帛書が大量に出土したなかに、『漢書』芸文志でいう『戦国策』三〇篇が帛書の形式で見られた。縦約二三センチメートル、横約一九二センチメートル、三二五行、一行に三〇～四〇字。無題であったので『戦国縦横家書《せんごくじゅうおうかしょ》』と命名された。

出土書籍

さて、始皇帝の時代の地方官吏の墓から大量の簡牘の文書が出土し続けている。出土地は湖北省、湖南省といった長江中流域の南方の湿潤な地方が多い。北方では甘粛《かんしゅく》省からも出土している。始皇帝の時代の歴史が始皇帝の生きた同時代の簡牘の出土によって、明らかになってきた。これまでは始皇帝の死後一〇〇年経って書かれた司馬遷の『史記』から始皇帝の時代を探ることが長らく行われてきた。しかし一九七五年、湖北省雲夢《うんぼう》県の秦の地方官吏の墓葬から出土した一一五五枚の竹簡によって、始皇帝の研究は大きく方向を変えることになった。出土史料と『史記』の既存史料を照合させ、齟齬《そご》があれば『史記』の記事も果敢に修正しなければならなくなったのである。二〇〇〇年来も行われてこなかった新しい研究手法をとることができるようになった。

ところが不思議なことに気づく。長江流域の南方の地において、地方官吏の墓葬や古井戸から簡牘の行政文書簡や書籍簡が大量に出土しながらも、始皇帝が埋葬された北方咸陽の始皇帝陵周辺では、簡牘の出土が皆無なのである。

地方官吏であれば、生前の行政文書の複製をとって、遺体を収めた棺《ひつぎ》のなかに添えた。始皇帝の場合、棺と棺をおおう槨室《かくしつ》を地下深くに設けていると『史記』は伝えるが、始皇帝陵の墳丘の真下の地下の墓室はまだ発掘されていないので、墓室に行政文書簡や書籍簡が収められているかはわからない。しかしその可能性は大きいと思われる。地下三〇メートルに密封された地下の世界は、北方の乾燥した風土でも、南方に匹敵する湿度を保てるので、簡牘が残されている可能性が大いにある。

始皇帝が見た文書

始皇帝は生前、行政文書の決裁に一日のノルマを課し、文書の重量を計測しながら、実務に励んでいたと『史記』秦始皇本紀は伝えている。紙がまだ発明されていない簡牘の時代は文書は重さで量《はか》っていた。秦始皇本紀始皇三十五年（前二一二年、四十八歳）の記事に、始皇帝の皇帝としての激務と言える執務ぶりが見える。「衡石《こうせき》を以て書を量り、日夜呈あり、呈に中《あた》らざれば休息せず」。始皇帝の処理決裁する文書は衡石、すなわち天秤《てんびん》のオモリで計測したという。簡牘の時代、簡と牘からなる行政文書の場合は、簡牘の枚数よりも重さで量った方が、分量がわかりやすい。衡はハカリの横竿《さお》、石はオモリを指す。紙の時代では重さを量ることはないが、簡牘の時代には衡石で量った。一石《せき》は約三〇キログラムで、始皇帝の時代の一石のオモリが実際に残されている。一日のノルマがあり、それをこなさなければ休息しなかったという。

手元にある複製の竹簡の束の重さを計測してみた。一束一五〇枚、長さ二三センチメートルは当時の一尺、幅一センチメートルは当時の半寸弱、その束は全体で二七〇グラムの重さがあった。一石三〇キログラムは一一一束を積み上げた重さとなる。律令の規定では、文書の分量の少ない場合は牘、多くなれば簡で作成された。誇張された故事だとしても、これが始皇帝の一日の決裁文書量の単位かと少々驚かされる。岳麓秦簡の『律令』の規定では、牘の厚さは一〇分の一寸（約二・三ミリメートル）より薄くしてはいけない、二行の牒（簡）は一五分の一寸（約一・五三ミリメートル）より薄くしてはならないと細かい。板状の木牘は竹簡よりも厚くなる。竹は弾力性があるので薄くても丈夫である。始皇帝の一日一石の文書も両者が混ざっていたはずである。

皇帝の決裁を必要とする文書の事例には、秦始皇本紀に見えるような皇帝号、諡号《しごう》（おくりな）廃止、郡県制、焚書令など重要事項があるが、さらに日常的にさまざまな決裁を行っていたはずである。皇帝や高官が発議し、高官が議論の結果を上奏し、皇帝が決裁して「制して曰く、可なり」という決まり文句で結ばれる。この形式は本紀に限らず、近年の岳麓秦簡などの出土史料にも散見する。始皇帝はみずから見解を述べ、上奏された意見にも修正を加えることが多い。生半可な知識では対応できない。豊富な読書の裏付けがあったことだろう。

第一章 帝王学の書

李斯の帝王の術

十三歳で父荘襄王《そうじょうおう》に代わって即位した秦王嬴政《えいせい》（趙政《ちょうせい》・趙正とも言う。のちの始皇帝）は帝王学を学び始めた。最初に接したのは楚《そ》から秦に入った李斯《りし》の帝王の術であったと思う。ただ、秦王は李斯のまとまった著書を読んだわけではない。李斯には字書である『蒼頡《そうけつ》』一篇以外の著作は伝えられない。しかし『史記』李斯列伝には李斯の文章が数多く載せられているので、まとめれば『李斯』という著作集になる。李斯が始皇帝に上奏した文章が記録され、司馬遷《しばせん》もその原史料を漢王朝の文書の所蔵庫で見たのであろう。

清《しん》の厳可均《げんかきん》（一七六二〜一八四三）は『全上古三代秦漢三国六朝文』をまとめ、主要な人物ごとに関連する文章を列挙しており、便利に活用できる。そのなかの「全秦文」（秦の時代の文章を著書別にまとめたもの）では、李斯の文章を数多く拾っている。「上書諫逐客」（外国人追放の逐客令《ちくかくれい》を諫《いさ》める上書文）、「上書韓王」（韓王への上書文）、「上書言治驪山陵《りざんりょう》」（始皇帝陵建設への提言）、「上書対二世」（二世皇帝への上書文）、「上書言趙高《ちょうこう》」（趙高への上書文）、「議存韓」（秦韓外交を勧める議論）、「議廃封建《ほうけん》」（封建への反対の提議）、「議刻金石」（金石に始皇帝の称号を刻むことを勧める議論）、「議焼詩書百家語」（詩書百家の書を焼却すべきという焚書《ふんしょ》の提言）、「獄中上書」（獄中から二世皇帝に宛てた上書文）、「金戎銘《きんじゅうめい》」

（戒服の金人の銘文）、「玉璽文《ぎょくじぶん》」（伝国璽の文）、「嶧山刻石《えきざんこくせき》」「泰山《たいざん》刻石」「琅邪台《ろうやだい》刻石」「之《し》罘《ふ》刻石」「之罘東観《しふとうかん》刻石」「碣石門《けっせきもん》刻石」「会稽《かいけい》刻石」「句曲山白壁《こうきょくざんはくへき》刻文」「秦権文《しんけんぶん》」（権《おもり》に付した詔書文）、「刻始皇所立刻石」（始皇帝が立てた刻石への追刻の詔書文）と列挙する。李斯の文章を集めれば、始皇帝と二世皇帝の歴史を語ることができる。なかでも「上書諫逐客」は六世紀に梁《りょう》の昭明太子《しょうめいたいし》が集めた詩文集『文選《もんぜん》』巻三九の上書というジャンルにも「上書秦始皇一首」として収録されているほど名文である。本書の主眼は、始皇帝の生涯で変化していく読書傾向をとらえることであるが、李斯の書も始皇帝の治世三七年の各時期に対応する内容である。

　楚の出身の李斯は呂不韋《りょふい》の舎人《しゃじん》として秦に入ることができ、荀子《じゅんし》から学んだ帝王の術を秦王に披露する機会を得た。その際の李斯の文中のことばにある「成帝業為天下一統（帝業を成して天下一統を実現する〈当時は統一ではなく一統と言った〉）」をこの文章の書題としてもよい。しかし「全秦文」にはなぜかこの文章は取

咸陽市両寺渡公園の李斯像

り上げられていない。秦王に説いて曰くで始まる一四九文字の文章は李斯列伝に見え、竹簡《ちくかん》であれば一行に二六字で六枚、木牘《もくとく》では六行に収まる短文である。一篇の書にはおよばず、木牘一枚に収まる分量でもあるが、よく練られた文章である。「秦王に説く」というのはあらかじめ準備された簡牘《かんとく》に書かれた文章を読み上げ、その簡牘を秦王に上呈したのであろう。このような書も秦王のお気に入りの書と言ってもよいかもしれない。

司馬遷は宮中に残されていた秦の時代の記録文書を列伝に載せたのだと思われる。対話が記録されて文字化され、それが後世に書籍化されるが、原本にはあえて題目を付けなくてもよかったのだろう。『漢書《かんじょ》』芸文志《げいもんし》には、春秋二三家のなかに『奏事《そうじ》』という書があり、秦の大臣の奏事と名山に刻石した文章を載せているという。李斯の文章は名文であり、このような文書は宮中の文書所蔵庫に李斯の書として収められていたのであろう。

ここでは上述の「成帝業為天下一統」について見ていきたい。まずは原文の白文を載せる。一行二六字前後で内容をくみ取って改行してみた。

①胥人者去其幾也成大功者在因瑕釁而遂忍之昔者秦穆公之霸
②終不東并六國者何也諸侯尚衆周徳未衰故五伯迭興更尊周室

③自秦孝公以來周室卑微諸侯相兼關東為六國秦之乘勝役諸侯
④蓋六世矣今諸侯服秦譬若郡縣夫以秦之彊大王之賢由竈上騷除
⑤足以滅諸侯成帝業為天下一統此萬世之一時也今怠而不急
⑥就諸侯復彊相聚約從雖有黄帝之賢不能并也

白文読みを試みて、「四字句」、〈三字句〉の区切りで示すと、以下の通りである。

①〈胥人者〉「去其幾也（機会を逃す）」「成大功者」「在因瑕釁（相手の過失に乗ずる）」「而遂忍之」〈昔者秦〉「穆公之霸」
②終不「東并六國」〈者何也〉「諸侯尚衆」「周德未衰」故「五伯迭興」「更尊周室」
③「自秦孝公」以來「周室卑微」「諸侯相兼」關東〈為六國〉「秦之乘勝」〈役諸侯〉
④「蓋六世矣」今「諸侯服秦」「譬若郡縣」夫以〈秦之彊〉「大王之賢」〈由竈上（竈《かまど》の上から）〉「騷除
⑤足以」〈滅諸侯〉〈成帝業〉為「天下一統」此〈萬世之〉〈一時也〉今「怠而不急」
⑥就「諸侯復彊」「相聚約從」雖有「黄帝之賢」「不能并也」

二音節の熟語もほぼ読み取れることだろう。胥人《しょじん》（塩漬けの肉を小分けにする胥から転じて小役人を指す）、大功、瑕釁《かきん》（過失。瑕は玉のきず、釁はもとは血を塗る意味だが、きずの意味に転化）、穆公《ぼくこう》（春秋秦の覇者）、六国、諸侯、周徳、五伯（五覇）、迭興《てっこう》（かわるがわる興る）、周室、孝公《こうこう》、卑微《ひび》、相兼（兼ねる）、関東《かんこくかん》（函谷関以東）、乗勝、六世、郡県、大王、竈上《そうじょう》、騒除（はらいのぞく）、帝業、天下、一統、萬世、不急、秦王などのことばにもすぐに反応したはずである。

李斯列伝に引用されたこの文章、『史記』においては李斯の生涯の一端を語る文脈に置かれたものであり、一次史料の本来のものではない。『史記』のテキストは宋代以降の版本であり、改行することもなく句読点もなく列伝のなかに収められている。いまこの文章だけを取り出し、本来の六行程度の木牘の書の並びにしてみたが、その文章から伝わるメッセージを読み取ってみよう。まだおそらく二十歳前後の李斯は郎官《ろうかん》（王宮宿衛の官）としてはじめて対面できた秦王の関心を惹こうと必死であり、若き十三歳で即位したばかりの秦王も、外国人の李斯の主張をみずからの境遇に合わせて理解しようとする。李斯は秦王に、祖先の覇者穆公でもなぜ東方の六国を併合できなかったのかと問いかけ、聞き手の秦王に考えさせる。孝公以来、秦は東方の諸侯を服属できるようになった。その勢いをもってすれば、「竈《かまど》の上を掃除する」かのように簡単に諸侯を滅ぼして帝業を成し遂げて天下一統ができる、いまこそその時期だと追い立てる。「老女が竈の上の塵《ちり》を払う」というたとえは、秦王に向けたことばとしては少し違和感がある。このときの李斯は楚の上蔡《じょうさい》県で郡の小吏、まさに胥人（下級官吏）の経験がまだ抜け切れていなかった。吏の官舎住まいの生活で見てきた厠《かわや》の不潔な場所にいる鼠《ねずみ》、倉の穀物に居座る腹いっぱいの鼠の話の延長で、みずからの生活にあった官舎の竈の掃除の話を持ち出した。そんなこととは無縁の生活を送っている秦王に通じるのかわからない。李斯のまだ若いころの稚拙さが残る文章とも言える。しかし、その稚拙さがまた現実感があっておもしろいし、若き秦王の注意も引いた。結果、秦王は李斯を長史《ちょうし》（中央の属吏）に任じた。その後、李斯の文章も秦王の成長とともに洗練されていく。

変法の『商君書』

始皇帝の政策の基本に、秦孝公（在位前三六一〜三三八）のときに行われた商鞅《しょうおう》の変法があることは確かである。では秦王時代の始皇帝も政策の書として早くから商鞅の書『商君《しょうくん》書《しょ》』を読んでいたのだろうか。

『史記』商君列伝は衛《えい》国の庶子であった公孫鞅《こうそんおう》の伝記である。公孫鞅が本名であり、商鞅

咸陽市両寺渡公園の商鞅像

というのは秦に入って改革したあとに、列侯の爵位を得て商県を封地として与えられたことからくる呼び名である。死後、商君とか商鞅とか広く呼ばれるようになった。出身国を冠して衛鞅という言い方もある。秦に入って改革を提言し、実行したので、商鞅という姓名が死後に定着していった。『荀子』では衛鞅、『韓非子』では商君あるいは公孫鞅、『呂氏《りょし》春秋《しゅんじゅう》』では公孫鞅、『戦国策』では衛鞅、公孫鞅、賈誼《かぎ》の『過秦論《かしんろん》』では商君、『淮南子《えなんじ》』では商鞅、『塩鉄論《えんてつろん》』では商君、劉向《りゅうきょう》の『新序《しんじょ》』では衛鞅と呼び方は分かれるが、それだけ多くの人々の記憶に残っていた人物であり、重要な政治改革者であったことになる。

　商鞅と同じように秦に入り、始皇帝の政治を支えた李斯は、始皇十（前二三七）年、秦王二十三歳のとき、外国人排斥の逐客令に反対する上書文を提出した。そのなかで商鞅の法の効用がいまの秦国に至るまで続いていることを秦王に説いた。秦王の耳にもこのときに一二〇年前の改革のことがしっかり届いたはずである。李斯はこう述べている。「孝公は商鞅の法を用い、移風易俗《いふうえきぞく》すれば、民は以て殷盛《いんせい》にして、国は以て富彊《ふきょう》なり。百姓は楽しみて用いられ、諸侯は親《みずか》ら服せば、楚、魏《ぎ》の師を獲て地を挙ぐること千里、今に至るまで治彊《つよ》し」。翌年、若き秦王を支えてきた呂不韋は自殺し、商鞅の生まれ変わりのような李斯が秦王の政治を担っていくことになる。

現在の『商君書』は二四篇、『漢書』芸文志では『商君』二九篇となっている。司馬遷は「商君の開塞《かいそく》、耕戦《こうせん》の書」を読んだと言っているので、司馬遷も『商君書』の全編を読んでいたわけではなく、特定の篇をそれぞれまとまった一書として読んでいたことになる。始皇帝の場合には、商鞅が孝公に行った提言を文書として見ていたとする方が正しい。

商鞅が孝公に語るなかで強調しているのが「帝王の業」ということばである。さきの李斯の上書文に見える帝業も商鞅に由来する。『史記』商君列伝に引用された文章は、木牘に書けば一枚程度の文章である。

「秦之與魏」「譬若人之」「有腹心疾」「非魏并秦」「秦即并魏」

（秦にとって魏は、人にとっての腹と心の重い病のようなもので、魏が秦を襲わないうちに秦は魏を襲わなければならない。）

「何者魏居」「領阨之西」〈都安邑〉「與秦界河」而獨擅「山東之利」利「則西侵秦」病「則東收地」

（なぜならば魏は険しい地形〔太行山《たいこうざん》〕の西にあって安邑《あんゆう》を都とし、秦とは黄河をはさんで隣国で、そこを拠点に殽山《こうざん》〔函谷関の地〕以東の利を独占している。しかし、西（秦）に利があると見れば秦を侵すので、魏が弱っているうちに東（魏）の地を収めるべきである。）

今以「君之賢聖」「國頼以盛」「而魏往年」「大破於齊」「諸侯畔之」可因「此時伐魏」「魏不支秦」〈必東徙〉

（いまは君〔孝公〕の賢さで秦は強国になり、魏は斉に破れて〔前三四一年の馬陵《ばりょう》の戦い〕諸侯が離れていった。この隙に魏を伐《う》てば、魏は必ず東の地に移るでしょう。）

東徙秦據「河山之固」東鄉「以制諸侯」此「帝王之業」也

（東に移れば、秦は黄河と殽山の要塞を頼りに、東に諸侯を制することができる、これが帝王の業というものである。）

この文章は現在の『商君書』には見られない。司馬遷は漢に伝えられた秦の公文書のなかに商鞅の発言を見てここに引用したのであろう。商鞅の四字句の「帝王之業」は李斯の「帝業を成して天下一統を為す」の「帝業」に通じる（「以秦之彊大王之賢由竈上騒除足以滅諸侯成帝業為天下一統」）。商鞅のときは秦にとって目の前には隣国の魏だけしか見えなかったが、秦王が即位したときには、魏をはじめ東方の諸国の動向が視野に入っていた。

秦王時の始皇帝は、商鞅の改革の功とともに罪も学んでいたと思われる。商鞅の急激な改革には秦の宗室《そうしつ》や貴族たちが強く反発していた。商鞅を支持した孝公が亡くなると、商鞅は謀反《ぼうはん》と誣告《ぶこく》され捕らえられた。逃亡を試みたが、魏も受け入れず、ふたたび秦に戻って殺された。孝公のつぎの秦の恵王《けいおう》はわざわざ車裂《しゃれつ》に処して見せしめにした。商鞅変法の罪については趙良《ちょうりょう》と商鞅との長文の対話に語られている。『史記』は史料に基づいて商君列伝に収めた。功をまとめた『商君書』に載るはずもない対話であるが、これは後世に創作された対話などではなく、秦朝の正式文書として残されたものであり、秦王時の始皇帝も帝王学の一つとして読んでいたのではないかと思われる。そこから、改革には反対意見がかならずあり、それに対応できる資質が帝王に必要であることを学んだ。商鞅はみずからの功績を一方的に誇った。「はじめの秦は戎翟《じゅうてき》の教えから父子の婚姻の区別もなく、父子二世帯が混じり合って同居していた。いまその教えを改めさせ、男女の婚姻の別を厳しくした。また魯《ろ》や衛のよ

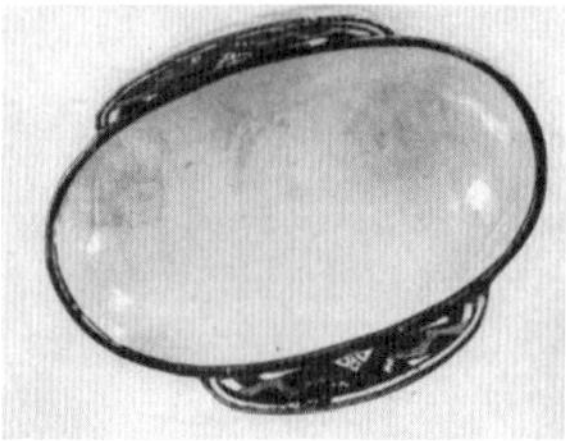

雲夢睡虎地秦墓出土の耳杯
（『雲夢睡虎地秦墓』文物出版社、1981年）

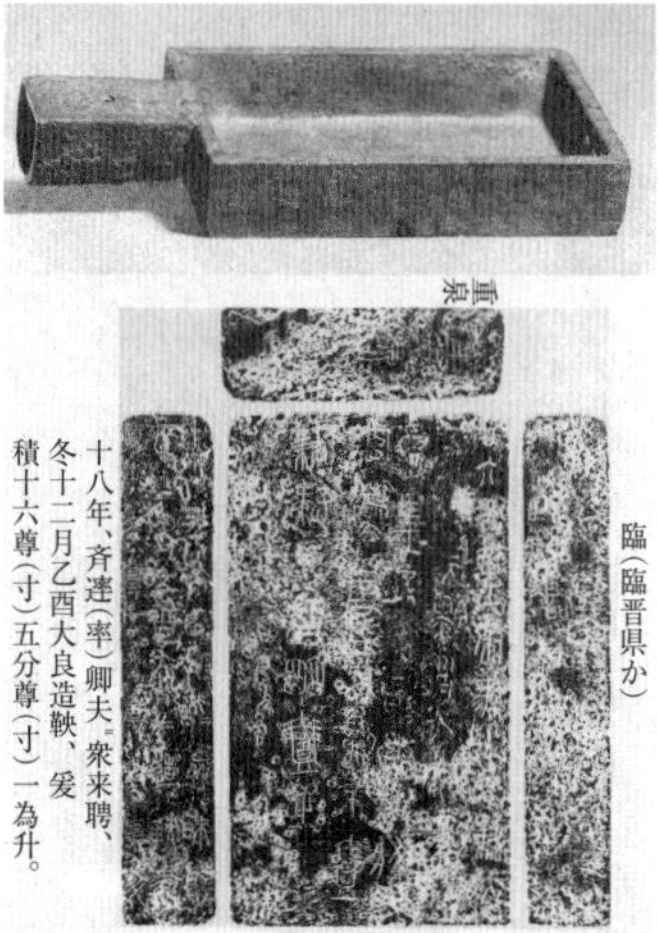
臨（臨晋県か）
廿六年、皇帝尽并兼天下諸候、黔首大安、立号為皇帝。乃詔丞相状、館法度量則不一、歉疑者皆明壹之。
十八年、斉遳（率）卿夫〃衆来聘、冬十二月乙酉大良造鞅、爰積十六尊（寸）五分尊（寸）一為升。

商鞅方量（上海博物館所蔵）
（『秦銘刻文字選』上海書画出版、1976年）

うな宮殿を築いた」と述べた。魯や衛というのは周の武王の弟の周《しゅう》公旦《こうたん》と衛康叔《えいこうしゅく》の国、戎翟の秦に対置する周の伝統を継承している国である。趙良は冷静に詩の「人を得る者は興り、人を失う者は崩る」ということばなどを投げかけて、商鞅が人心から離れていることを非難した。秦王時の始皇帝はここまで学んでいたと思う。

上海博物館に所蔵されている青銅の商鞅方量（方形の升《ます》）は、大《だい》良造《りょうぞう》公孫鞅と皇帝（始皇帝）を直接結びつける証拠となる。一つの同じ計量升に二人のことが刻され

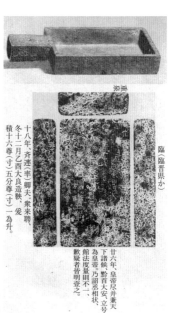

ており、二人の関係を象徴するものである。容量が二〇二・一五立方センチメートルの方形のマスの側面に商鞅が定めた容量が記され、底面には始皇二十六（前二二一）年に度量衡《どりょうこう》を統一した詔書の文章が刻まれている。同年の始皇帝の統一政策も第二次商鞅変法（前三四四年）での度量衡の改革を意識していた。一二三年も前の古いマスを、そのまま統一の基準に用いていたのである。大良造（二〇等級の第一六級の爵位）公孫鞅は一六と五分の一寸、すなわち一六・二立方寸を一升《しょう》と定めた。中国古代の一升は日本にも伝わった一升の計量単位の十分の一程度である。睡虎地秦墓から出土した、始皇帝時代の耳杯《じはい》（持ち手の耳を鳥の羽の形に見立てて本来は羽觴《うしょう》という）のレプリカに水を入れて計量したところ、ちょうど二〇〇cc前後であった。始皇帝の時代の酒杯の容量にも商鞅の度量衡がそのまま守られていたことになる。

兵法『公孫鞅』

商鞅が兵法家でもあったことはあまり注目されていない。『漢書』芸文志では『呉孫子兵法』（孫武《そんぶ》）八二篇、『斉孫子』（孫臏《そんぴん》）八九篇のつぎに『公孫鞅《こうそうおう》』二七篇が兵権謀一三家に並ぶ。この書物はもちろん伝わっていない。『史記』魏世家《ぎせいか》でも「秦将商君が我が将軍公子印《ごう》を詐《いつわ》り、其の軍を襲奪し、之を破る。秦、商君を用い、東の地、河に至る」と言い、将軍商君が魏の領土を奪い、その結果、魏は秦に近い安邑《あんゆう》から大梁《たいりょう》（開封《かいほう》）へ遷都することになった。魏の年代記でもある『竹書紀年』でも秦の衛鞅が魏の西鄙《せいひ》を伐ち、魏王は衛鞅の軍に敗北したことが記されている（魏世家索隠注引『紀年』）。そもそも商鞅の変法は隣国魏の長城を越えて魏に対して軍事的優位を図るものであったから、変法と戦争とが一体化していたことは間違いない。漢代に『公孫鞅』が残っていたことから、秦王の時代の戦争でも読まれていたはずである。

『韓非子』

始皇帝が秦王のときに韓非《かんぴ》の著した書物を愛読したことはよく知られている。『史記』韓非列伝にはつぎのように記されている。秦王、孤憤《こふん》、五蠹《ごと》の書を見て曰く、「ああ、寡人《かじん》はこの人を見てこれと游《あそ》ぶを得ば、死するも恨みず」と。秦王は韓非の孤憤篇と五蠹篇を見る機会があった。この書物を著した人と会うことができれば死んでも悔いはない。こんな率直なことばを漏らした。現在の『韓非子』のテキストは全部で五五篇あり、秦王が読んだのは後世の『韓非子』では第一一篇の孤憤篇と第四九篇の五蠹篇にすぎず、『韓非子』の全書を読んだわけではなかった。韓非亡きあとにその言論をまとめたものが『韓非子』であるが、同時代の秦王の時代には韓非の生のことばが伝わっていた。竹簡を綴《と》じた篇としてまとまりがあり、そこに「孤憤書」「五蠹書」とそれぞれ題が付されていたと思う。現テキストの文章を竹簡に直せば孤憤書は一篇五〇枚程度、五蠹書の方は一篇一五〇枚を超える長文である。韓非は自説を書に著し、当初はその書を持って韓王安《あん》への諫言《かんげん》を試みたが、採用されなかったという。その書が秦王にも伝わった。本来は韓王への提言であっただろうが、対話形式の書ではないので、秦王が読んでも違和感はない。

秦王が見たのはなぜその二書であったのか。そのことの理由はこれまであまり掘り下げられてこなかった。秦王が韓非の書を読んだとしたら、どのように読んだのか、改めて二書の文章を見てみたい。

孤憤とは文字通り一人の孤独な人間の発奮の書であるが、対話ではないので一人称や二人称の表現は一語もない。かえって全体に韓非の憂いと訴えに満ち満ちた文章が読み手の心に響き、一読した秦王の心にも届いた。「死人と病を同じくする者は生きる可《べ》からず、亡国と事を同じくする者は存する可からず」。亡国を人間の死にもたとえながら、事例として呂《りょ》氏(姜《きょう》姓)の斉《せい》が田《でん》氏に奪われたこと、姫《き》氏の晋《しん》が六卿《りくけい》の大臣に奪われたことを挙げた。国が亡ぶ理由は人臣が主上を欺《だま》すことの一点にあり、主上には個人の利害を求めずに遠くを明察できる智術の士が必要であると訴える。

五蠹書では、国をむしばむ五つの害虫を具体的に挙げる。秦王自身は二十二歳のとき、始皇九（前二三八）年の嫪毐《ろうあい》の乱ですでに国を揺るがす内乱を体験することになる。秦王にとって韓非の書は単なる教養の書物ではなかった。書き手は韓非、読み手は同時代の秦王、私たちはそのような書き手と読み手の立場を念頭に置きながら『韓非子』という古典を読むことはあまりなかった。

始皇十四（前二三三）年、秦に入った直後に李斯と姚賈《ようか》の讒言《ざんげん》によって、韓非は毒薬を飲まされて自殺させられることになる。あれほど君主の逆鱗《げきりん》にふれないように慎重であった韓非は、頭脳明晰に臣下の活きる道を徹底して説きながら、あえなく現実の政治の過酷さに負けてしまった。李斯と韓非はともに荀子の弟子であったものの、李斯は非情にも韓非を死に追いやった。しかし李斯はのちに丞相にまでのぼり詰め、焚書を始皇帝に提言したときに、『韓非子』のことばを引用している。和氏《かし》篇で言及された「詩書を燔《や》き、法令を明らかにした」という商鞅の変法を参考にしたのである。実は韓非を死に追いやった李斯自身も、韓非の書の読み手であったのではないかと思う。だからこそ韓非の才能を妬《ねた》むことになった。李斯は臣下として、秦王は君主として韓非の著作を読んでいた。

『韓非子』という書物をめぐる人間の確執は、歴史研究の対象としてもよいと思う。『韓非子』という書物はいまでも読み継がれている。矛盾、逆鱗、守株、和氏の璧など、故事の宝庫である。私たちはそれを読み、そこから現代に活きる知恵を引き出すことができる。しかし、まずは古代の人々にどのように読まれていたのかに注目すると、知られざる歴史の一面が見えてくる。本書では、始皇帝とその時代に中国の古典がどのように読まれていたのかにも注目しながら、始皇帝の人物と時代を新たに探っていく。中国を最初に統一した帝王の始皇帝は、五十歳で亡くなり、秦王として二六年、皇帝として一二年の政治を行った。政治にはそれまで蓄積されてきた知恵が必要であった。法律だけで政治はできない。韓非を法家に分類し、その書を好んだ始皇帝を法家の帝王だと理解するのは、きわめて偏った見方である。始皇帝にはさまざまな思想の書物との接点があったことをふまえて、あらためて『韓非子』を見ていく必要があるだろう。

二世皇帝も父始皇帝のまさに愛読書である『韓子』を引用して発言している。その引用の仕方が恣意的でおもしろい。『漢書』芸文志の法家者流に『韓子』五五篇とあるように、『韓非子』は本来『韓子』と呼ばれていた。二世皇帝二年、地方で起こった陳勝《ちんしょう》・呉広《ごこう》の農民反乱の一軍が咸陽近くの戯水《ぎすい》の地にまで押し寄せたとき、少府《しょうふ》章邯《しょうかん》が酈山《りざん》（始皇帝陵）の工事に駆り出されていた刑徒に武器を持たせて迎え撃った。その直後のこと、二世皇帝は、右丞相の馮去疾《ふうきょしつ》、左丞相の李斯、将軍の馮劫《ふうきょう》が阿房宮《あぼうきゅう》の工事を停止するように進言したが拒否した。このとき、三人を説得するために『韓子』五蠹篇の文章のなかから抜粋して五十六字も引用したのである。そして、二世皇帝は先帝の意志を継いで宮殿の建設を続けたい、地方で反乱が起こるのは丞相たちの責任ではないかと言い、李斯が獄中に入り、あとの両馮氏は自殺した。二世皇帝はこのようなときになぜ『韓子』の文章を引用したのでろうか。

父始皇帝もお気に入りの五蠹篇の文章である。堯《ぎょう》・舜《しゅん》の宮殿は垂木《たるき》の端も切りそろえず、屋根の茅《かや》も切りそろえず、土器で飲食をするなど、いまの監門の役人でさえ、これほど質素ではないという。また夏《か》の禹《う》王も河水（黄河）の治水を行うために手には鍬《すき》を持ち、足にはすね毛もなかったという。いまの臣虜《しんりょ》（奴隷）でさえもこれほど過酷ではないという。古《いにしえ》の帝王の質素さはいまには通用しないという。二世皇帝は堯・舜・禹の自己犠牲的なやり方をきっぱりと否定した。君主は先帝のようにみずからの意志と欲望を貫くことこそが天下を治める方策であるという。

第二章

外交と戦争の書

呂不韋の書『呂氏春秋』

戦時下の韓《かん》、衛《えい》、趙《ちょう》を往来して財をなした大商人呂不韋《りょふい》の存在がなければ、荘襄王《そうじょうおう》も始皇帝も王位に即くことはできなかった。呂不韋は始皇帝の父の子楚《しそ》を質子《ちし》として滞在していた趙の都邯鄲《かんたん》から脱出して帰国させ、王位に即けた。孝文王の中子であり、王位に即く順位にはなかったが、子のない孝文王の正夫人の華陽《かよう》夫人の養子として王位の継承を確約させた。呂不韋は荘襄王の丞相《じょうしょう》となること三年余り、続く秦王政（趙正《ちょうせい》）の相邦《しょうほう》となること一三年、一五年間も秦の政治にかかわった。その政治の規範となったのが『呂氏春秋《りょししゅんじゅう》』という書物である。商人としての才覚だけでは政治を動かせず、多くの人材に頼った。秦王政が果たして現在に伝わる『呂氏春秋』の書物をそのまま読んでいたのか、考えてみよう。

『史記』呂不韋列伝では、戦国四封君《しほうくん》である魏の信陵君《しんりょうくん》（公子無忌《むき》）、楚の春申君《しゅんしんくん》（黄歇《こうけつ》）、趙の平原君《へいげんくん》（趙勝）、斉の孟嘗君《もうしょうくん》（田文）に対抗して食客《しょっかく》三〇〇〇人を集めた呂不韋の一面に言及している。呂不韋は子楚を荘襄王に立ててから、丞相となって文信侯《ぶんしんこう》となり、河南《かなん》（三川《さんせん》郡）の雒陽《らくよう》に十万戸の領地を得た。雒陽は西周の王室の都で、分家の西周公の居所であり、秦の昭王が滅ぼした場所である。荘襄王の元（前二四九）年には分家の東周公も滅ぼし、三川郡が置かれた。ここに封地を持った呂不韋は多くの人材を集めることができた。その食客たちの著作を『八覧』『六論』『十二紀』の三部にまとめ、総計二十余万言（字）になり、天地・万物・古今の事績をまとめて『呂氏春秋』と命名したという。東方の知者の結晶と言える。

二十余万字は、『太史公書《たいしこうしょ》』（『史記』）一三〇篇の五二万六五〇〇字の半分弱の分量である。『漢書《かんじょ》』芸文志《げいもんし》には雑家《ざっか》に分類され、『呂氏春秋』二六篇という。『八覧』の八篇、『六論』の六篇、『十二紀』の一二篇を併せると二六篇になる。二十余万字を一簡二五字で割ると八〇〇〇枚程度となる。呂不韋列伝では、この八〇〇〇枚に近い竹簡の書物を咸陽《かんよう》の市場の門前に並べ、諸侯（東方の諸国）から来た游士《ゆうし》（遊説家《ゆうぜいか》）や賓客たちに内容の文字を修正できるものがあれば、一字ごとに千金もの懸賞金を与えることにした。大商人呂不韋らしい発想である。

現在の『呂氏春秋』
（陳奇猷『呂氏春秋校釋』上下猷、学林出版社、1984年）

『漢書』芸文志に『呂氏春秋』二六篇というのは、現在のテキスト二六巻（紙の時代は篇ではなく巻）一六〇篇（篇は章に当たる、一篇は五〇枚の竹簡）の体裁が後漢にはまとまっていたことを意味する。しかし、呂不韋が秦の相邦であった同時代に『呂氏春秋』という書物としてまとめられていたわけではない。『商君書』や『韓非子』と同じように、『呂氏春秋』に当たる書物は同時代にはなかったと思う。司馬遷《しばせん》が言うように『八覧』『六論』『十二紀』が別々の書としてあったと考えられる。司馬遷の前漢の時代には呂不韋の著作として三部作に『呂氏春秋』と表題が付けられたのであろう。司馬遷は『呂覧』(八覧)は呂不韋が蜀《しょく》に流された失意の境遇のときに執筆したという(太史公自序)から、始皇十二(前二三五)年の最晩年に当たる。呂不韋は実際には蜀に流される前に雒陽で酖酒《ちんしゅ》(毒のある鴆《ちん》鳥の羽を浸した酒)を飲んで自殺している。『十二紀』の末尾の序論である「序意」の、「維《こ》れ秦の八年、歳は涒灘《とんたん》に在り」という記述から、始皇八(前二三九)年ではなく始皇六(前二四一)年の申《しん》の歳(涒灘は申の別称)には成立していたと言われている。荘襄王が東周公を滅ぼし、完全に周が滅亡した前二四九年の翌年から数えて八年であり、周から秦へ交替したことを強調している。秦王政(趙正)十九歳のときに当たり、若き王も十分その内容を理解することができただろうし、呂不韋の死後の親政の時期には、『十二紀』の内容が政治に活用されていったと思う。

『十二紀』に学ぶ帝王学① ～季節の循環と政務～

『十二紀』は春夏秋冬の春の季節を孟春《もうしゅん》（一月）・仲春《ちゅうしゅん》（二月）・季春《きしゅん》（三月）と言うように三ヶ月ごとに分け、一年十二ヶ月ごとの時令（月令。季節の行事）を列挙したものである。時令部分はあくまでも天子《てんし》と卿大夫《けいたいふ》が務めるべき行事が書かれ、それに付言した四章の部分は（孟春紀には木生《もくせい》・重己《じゅうき》・貴公《きこう》・去私《きょし》の四章が付き、仲春紀以下も同じ）過去の故事が多く引用され、秦王が読めば政治の具体的な実践部分となる。『十二紀』を一二の時令章と四八の故事章に分け、まずは時令部分を秦王がどのように読み込み、政治に活かしていったのかを見てみよう。

　呂不韋の執筆の目的は広い読者を想定しているわけではなく、秦の政治に活かすことにあり、秦王に遵守《じゅんしゅ》することを求めていたはずである。時令章では以下の記述が興味深い。一月孟春には「木を伐るを禁止し、巣を覆《くつがえ》す無かれ（樹木の伐採を禁止し、雛《ひな》が育ったばかりの鳥の巣を壊してはならない）」。陽気がはじめて生ずる立春は草木が芽生える季節である。これを遮断する行為は戒めなければならない。これに相当する内容が睡虎地秦簡《すいこちしんかん》の田律《でんりつ》の法文にある。「春二月、敢えて材木を山林に伐り、隄水《ていすい》を雍《ふさ》（壅）ぐ毋《なか》れ（春二月に山林で材木を刈り取ったり、堤の水を塞いだりしてはならない）」と見える。春の新芽が出た木々を伐採したり、小川の水の流れを塞いではならない。これに続く法文を見ると、ここでは樹木の成長や河川の流れよりも、そこで育ち始める生物の保護を求めている。木々の巣の卵からは幼鳥が孵《かえ》り、川の魚の卵からは幼魚が生まれるのである。そして七月には解禁する。「唯不幸にも死して綰（棺《ひつぎ》）享（槨《うわひつぎ》）を伐つ者は是時《このとき》を用いず（禁止の期間に不幸にも死亡した場合のみは棺槨《かんかく》の木を切ることを許可する）」とある。とくに不意に戦死した者の埋葬を想定していると思われる。法律は窃盗、傷罪、殺人だけを罰するものではなく、共同体の規制をも定めている。

『十二紀』に学ぶ帝王学② ～定例の行い～

二月仲春と八月仲秋には昼夜の時間が等しいことから、度量衡《どりょうこう》（おもり・ます・ものさし）の検査をする。度量衡器は狂いがないように、気温も湿度も適度な時期に基準器と合わせる。仲春には「度量を同じくし、衡石《こうせき》を鈞《ひと》しくし、斗桶《とよう》を角《くら》べ、権概《けんがい》を正しくす」、仲秋にも「度量を一つにし、権衡を平らかにし、鈞石を正しくし、斗甬を斉《ひと》しくす」とある。この文章は、少しわかりにくい。度量衡器は重量を計る天秤棒《てんびん》の「おもり」、容量を量る「ます」、長さを測る「ものさし」の三つがあれば十分だが、ここには「度量」が浮き、「衡石（鈞石）（おもり）」「斗桶（ます）」「権概（権衡《けんこう》、おもり）」の四つが並び、しかも「ものさし」が見えないからである。度量衡の統一はすでに前三五〇年の第二次商鞅変法に見える。そこでは「斗桶（ます）・権衡（おもり）・丈尺《じょうしゃく》（ものさし）を平らかにして之を行う」（『史記』巻六八商君列伝）とあり、わかりやすい。司馬遷も始皇二十六（前二二一）年の統一事業の記述では「法度・衡石（おもり）・丈尺（ものさし）を一にす」とある。これは一見わかりやすいようだが、法度が「ます」であるかはあやしいのである。実際の度量衡器に貼り付けた詔書の文章では、「法度量は則ち壹《いつ》ならずして歉疑《けんぎ》する者は皆明らかにして之を壹にせよ」とあり、「法度量」と言っていることに注意したい。ここで言う法度とは人為的な法律ではなく、自然の法則の意味があり、その法度と量（ます）を重ねた言い方である。要するに商鞅変法ではなかった考え方が、『呂氏春秋』の『十二紀』時令にはあり、自然の法則（度量）から「おもり」「ます」「ものさし」の度量衡を定めたのである。だからこそ太陽の運行からくる昼夜同一

青銅権（秦始皇帝陵博物院所蔵）
表面に詔書が刻まれている。

の時節に度量衡の基準を定めたのである。まずは「度量を一にす」「法度量を壹にする」ことが必要であったのである。睡虎地秦簡の『秦律』の「工律」に「県及び工室は官に聴きて衡石贏《こうせきえい》（累）（おもり）・斗用（桶）升（ます）を歳ごとに壺（壹）を過ぐる毋れ」とあり、県や工房では度量衡の容器を一年に一度は検査しなければならない。法令では検査の時期に言及していないが、仲春か仲秋のどちらかの時期に一度行う必要があったのかもしれない。時令は明らかに秦の法律に反映されることになる。

『十二紀』に学ぶ帝王学③　〜秋と戦争〜

七月孟秋は刑戮《けいりく》（刑罰と殺戮）を実行する月とされている。天子は臣下を率いて西の郊外で秋を迎える儀式を行い、宮殿に戻ってから武将に賞を賜い、将軍には兵士を選んで兵器を整備させる。不義の者を征伐し、暴虐な者を誅殺《ちゅうさつ》する。このことは、のちの始皇帝の顕彰碑である刻石に刻まれている。

秋の三ヶ月の故事章を見ると、戦争について各所で語られる。孟秋の「蕩兵《とうへい》」「振乱《しんらん》」「懐寵《かいちょう》」、仲秋の「論威《ろんい》」「簡選《かんせん》」の章を見てみよう。「振乱」章では戦争の本質を説いている。「夫《そ》れ攻伐の事、未だ無道を攻めて不義を罰せずんば有らざるなり。無道を攻めて不義を伐《う》たば、則ち福これより大なるはなく、黔首《けんしゅ》は利これより厚きはなし（敵を攻撃するには、道を外れた者を攻め、正義なき者を処罰しなければいけない。道なき者を攻めて正義なき者を伐てば、これ以上の大きな幸福はなく、人民の利益もこれ以上大きなものはない）」。まさに大義を戦争に求める思想である。しかし戦争論はこれにとどまらない。いまの世の学者は攻伐（侵略戦争）を非とし、救守（防衛）をよしと考えるが、無道を守り、不義を助ける救守の考え方は、災厄をもたらすものだという（振乱）。民衆を迫害する君主の不義を果敢に攻めることに正義があると主張する。そして義兵であるからには、敵地に入っても民衆を庇護《ひご》し、殺さないことを知らせる。五穀（農作物）を損なわず、墳墓を掘らず、樹木を伐らず、倉庫も焼かず、家屋も燃やさず、六畜（家畜）を奪わない。捕虜もその名を記録してから解放する（懐寵）。

呂不韋が攻める正義の戦争論にこだわったのは、みずからが丞相として仕える荘襄王と秦王政のもとで二度も合従《がっしょう》軍に侵略された経験があるからである。荘襄王三（前二四七）年、魏の信陵君《しんりょうくん》無忌《むき》が五国の合従軍を率いて秦を攻撃し、秦の蒙驁《もうごう》将軍を走らせ、秦軍を函谷関《かんこくかん》まで押し返した。荘襄王はその後に死去している。二度目は始皇六（前二四一）年、楚の考《こう》烈王《れつおう》が合従の長となり、韓・魏・趙・衛・楚の五ヶ国は秦の寿陵《じゅりょう》の地を奪い、秦の守りの函谷関まで攻めた。趙の将軍龐煖《ほうけん》も趙・楚・魏・燕《えん》の精鋭を率いて咸陽に近い秦の蕞《さい》まで攻めた。始皇六年とは『十二紀』がまとめられたちょうどその年に当たるので、呂不韋は函谷関で守るよりも攻めることの重要性を認識し、緊急な事態のなか、みずからに託された政治の指針を若き秦王に伝えたかったのであろう。呂不韋亡きあとに、秦王の軍事戦略に反映される。

李斯「上書諫逐客」

『史記』李斯《りし》列伝に収められた逐客令《ちくかくれい》に反対する文章は、かなりの文字数である。李斯が二十三歳で成人を迎え、嫪毐《ろうあい》の乱を終結させたばかりの失意の秦王に、用意周到に準備し、実に優しく逐客の非を説いた文章である。読み手は年齢に応じて書を選ぶが、書き手は相手の年齢を考慮して文章を推敲《すいこう》する。李斯はこの文章を秦王に上書（書を奉ること）し、その文章はそのまま宮廷の書庫に厳重に収められたのであろう。のちに二世皇帝のときに、沛公《はいこう》劉邦《りゅうほう》が項羽《こうう》よりも先んじて秦都咸陽に入った。そのときに蕭何《しょうか》は秦の丞相《じょうしょう》・御史《ぎょし》の律令《りつれい》図書を回収して保管し、劉邦が漢王になったときに丞相として秦の文書を役立てた。李斯の上書文もそのなかにあったからこそ『漢書』芸文志に見える『奏事』のなかに含まれていただろうし、司馬遷も李斯列伝に引用することができた。全文で七〇五字、長文である。ここでは意味の切れ目を考えて二〇字前後で随意に改行していくと、三一行ほどになる。一枚の木牘には収まらず、竹簡に書いて綴《つづ》った方が便利な分量である。秦王はこの上書文を今後の親政の指針としたであろう。

以下全文を掲げてみよう。本来の感じを出すために、あえて句読点を除き、四字句を「」、三字句を〈〉で示した。一二行目、二二行目は「今」で始まるので、段落の切れ目とした。

1 臣聞「吏議逐客」「竊以為過」矣昔「繆公求士」西取「由余於戎」
2 東「得百里奚」〈於宛迎〉「蹇叔於宋」來丕豹公孫支於晉
3 「此五子者」〈不産於秦〉而「繆公用之」「并國二十」「遂霸西戎」
4 〈孝公用〉「商鞅之法」「移風易俗」「民以殷盛」「國以富彊」「百姓樂用」
5 「諸侯親服」獲「楚魏之師」「舉地千里」「至今治彊」〈惠王用〉「張儀之計」
6 拔「三川之地」「西并巴蜀」「北收上郡」「南取漢中」〈包九夷〉〈制鄢郢〉
7 東據「成皐之險」割「膏腴之壤」遂散「六國之從」使之「西面事秦」
8 「功施到今」昭王〈得范雎〉〈廢穰侯〉〈逐華陽〉〈彊公室〉〈杜私門〉

9 「蠶食諸侯」使「秦成帝業」「此四君者」皆「以客之功」「由此觀之」
10 客「何負於秦」哉「向使四君」卻客而不內疏士而不用
11 「是使國無」「富利之實」而秦無「彊大之名」也

12 〈今陛下〉致「昆山之玉」有「隨和之寶」垂「明月之珠」服「太阿之劍」
13 乘「纖離之馬」建「翠鳳之旗」樹「靈鼉之鼓」「此數寶者」「秦不生一」焉
14 而「陛下說之」何也必秦國之所生〈然後可〉則是「夜光之璧」「不飾朝廷」
15 「犀象之器」「不為玩好」「鄭衛之女」「不充後宮」而「駿良駃騠」「不實外廄」
16 「江南金錫」〈不為用〉「西蜀丹青」〈不為采〉所以〈飾後宮〉〈充下陳〉
17 〈娛心意〉〈說耳目〉者「必出於秦」〈然後可〉則是「宛珠之簪」「傅璣之珥」
18 「阿縞之衣」「錦繡之飾」「不進於前」而「隨俗雅化」佳冶「窈窕趙女」
19 「不立於側」也夫「擊甕叩缶」「彈箏搏髀」〈而歌呼〉「嗚嗚快耳」者
20 「真秦之聲」也「鄭衛桑閒」「昭虞武象」者「異國之樂」也今棄擊「甕叩缶」
21 而〈就鄭衛〉〈退彈箏〉而〈取昭虞〉「若是者何」也「快意當前」「適觀而已」矣

〈今取人〉〈則不然〉「不問可否」「不論曲直」「非秦者去」「為客者逐」
然則「是所重者」在乎「色樂珠玉」而〈所輕者〉「在乎人民」也
「此非所以」〈跨海內〉制「諸侯之術」也臣聞〈地廣者〉粟多〈國大者〉
人衆〈兵彊則〉士勇是以太山「不讓土壤」故「能成其大」河海「不擇細流」
故「能就其深」王者「不卻衆庶」故「能明其德」是以「地無四方」「民無異國」
「四時充美」「鬼神降福」此「五帝三王」之「所以無敵」也今「乃棄黔首」
「以資敵國」〈卻賓客〉以〈業諸侯〉使「天下之士」退而「不敢西向」裹足
〈不入秦〉〈此所謂〉〈藉寇兵〉而〈齎盜糧〉者也夫物「不產於秦」「可寶者多」
士「不產於秦」而「願忠者衆」〈今逐客〉「以資敵國」損民〈以益讎〉〈內自虛〉
而〈外樹怨〉〈於諸侯〉「求國無危」「不可得也」

李斯はみずからも対象となる逐客令を秦王に取り下げさせるために、真剣である。李斯と秦王の両者の緊張感が伝わっている文章であり、決して形式的な美辞麗句の文章ではない。両者の置かれた状況からその緊張感を読み取るのが、その時代の情況に入り込む読み方だと思う。

全体が三段に分かれ、李斯は秦王の気持ちを誘導していく。第一段（1～11）では秦の四《し》君《くん》（穆公《ぼくこう》・孝公・恵王・昭王）がいかに客（外国人）を登用し、帝業を進めてきたのか振り返る。昭王の業績は「諸侯を蚕食《さんしょく》して秦の帝業を成さしむ」であったことを印象づける。第二段（12～21）では、秦王を陛下と呼びかけ、秦王の身辺がいかに外国の物産の豊かさに溢れているのか知らされる。「昆山之玉《こんざんのぎょく》」「随和之寶《ずいかのほう》」「太《たい》（泰）阿《あ》之剣」「繊離《せんり》之馬」「夜光《やこう》之《の》璧《へき》」「犀象之器《さいぞうのき》」「江南金錫《こうなんきんせき》」「西蜀丹青《せいしょくたんせい》（朱と青の鉱物の顔料）」など二〇もの外国製品をこれでもかと挙げる。そのなかに「鄭衛之女《えいていのむすめ》」「窈窕趙女《ようちょうちょうじょ》（しとやかで美しい趙国の女性）」をそれとなく入れ込み、嫪毐側についた秦王の母の存在まで想起させ、有無を言わせずに攻めていく。そして第三段（22～31）でふたたび秦にとって必要であるのは外国の人材であるという話に戻る。「太（泰）山は土壌を譲らず（泰山は小さな土くれでも受け入れて大山となった）」「河海は細流を択ばず」「王者は衆庶を却けず」のことばは秦王の心にしっかりと届いた。

孔墨集団

戦国時代に博愛・平和主義的な思想を唱えて大きな影響力をもった墨翟《ぼくてき》（墨子）の思想は

弟子たちの集団に継承されていった。その点は春秋末の孔子とその弟子集団とよく似ている。そのために「仲尼《ちゅうじ》と墨翟の賢さ」（前漢初期の賈誼《かぎ》『過秦論《かしんろん》』）と称《たた》えられ、「孔墨」と、儒家と墨家が併称されることが多い。後継者の弟子集団の勢力の存在は無視できない。『十二紀』仲春紀当染《とうせん》章でも、「孔墨の後学の天下に顕栄なる者は衆《おお》く、数《かぞ》うるに勝《た》うべからざる」とまで言うほどである。韓非が儒者と墨者を合わせて攻撃している対象も、孔子と墨子の後継者たちであった（顕学《けんがく》章）。当染章では孔墨の後学の名を具体的に挙げ、孔子は墨子に学んだ禽滑毆康《きんかつおうこう》、許犯《きょはん》、田繫《でんはん》の名を挙げる。三〇〇人もの墨家集団を統率する首領は鉅子《きょし》と呼ばれ、禽滑氂《きんかつり》、孟勝《もうしょう》（許犯）と継承された。秦王はそのような墨家集団と接触があった。『呂氏春秋』の『十二紀』孟春紀去私章に秦王と墨家集団が接触したときの興味深い故事が見える。秦に居住していた墨者で、鉅子の腹䵍《ふくとん》という人物がいたが、その息子が殺人を犯す事件を起こした。秦の恵王は、腹䵍を先生と呼び、年長者でほかに子がいないからと、息子を死罪にしないように役人に命じたので、これに従えと言った。腹䵍は「人を殺したら死、人を傷つけたら刑に処す」という墨者の法を示し、人を殺傷することを禁ずるのは天下の大義であるとし、恵王の恩情の処断よりも墨者の法を選ぶこととし、わが子を殺したというものである。秦にも墨家集団の鉅子が入って居住していたこと、秦王は墨家集団の鉅子に一目置いていたこと、墨家集団には独自の法があったことなどを物語っている。しかし、このような厳しい法をもって統率されていた墨家集団がやがて記録上に見られなくなっていく。

秦王政も『十二紀』を読んでいたので、墨家集団の存在は認識していたはずである。始皇帝の死の直後に、趙高《ちょうこう》が始皇帝の遺志に反して胡亥《こがい》を擁立しようと謀り、丞相李斯を説得することばのなかでも墨家に言及する。謀を受け入れれば、「喬松《きょうしょう》の長寿（僊人《せんじん》である王子喬《おうしきょう》と赤松子《せきしょうし》のような長寿）」と「孔墨の智恵（孔子と墨翟のような知恵）」を得ることができると言うのである。趙高も孔子と墨子の英知を認めており、焚書阬儒《ふんしょこうじゅ》のように排除することはなかった。この孔墨の社会的な評価は前漢初めになっても変わらない。司馬遷の父司馬談《しばたん》は太史公となり、上古の学術を評価した。『史記』太史公自序に「六家《りっか》の要旨を論ずる」というよく知られた文章が見える。六家とは陰陽家《いんようか》・儒家・墨家・名家・法家・道家を指し、各思想の長所と短所を明快に述べた。上古の堯舜《ぎょうしゅん》の時代のような質素な衣食住と埋葬の風に学ぶという精神を評価しながら、いまの時代には遵守しがたく無理があるという。墨家の節約思想をわかりやすく「茅茨《ぼうし》も翦《き》らず（茅葺《かやぶ》きの屋根の端を切りそろえない質素な家屋）、采《さい》椽《てん》も刮《けず》らず（屋根の垂木《たるき》を削らない質素な宮殿）」「土簋《どき》を食し、土刑《どけい》を啜《すす》る（土器で食べ、瓦で啜る。粗食の象徴）」「夏日の葛衣《かつい》（マメ科のつるで織り、暑さもしのげない粗末な衣）、冬日の鹿裘《ろくきゅう》（毛が少なく寒さもしのげない鹿の毛皮）」「桐棺《どうかん》は三寸（三寸の厚さの桐の棺。すぐ朽ちて遺体は土と化すので薄葬の象徴）」などと言う。ここには思想を実践する墨家集団の存在はなく、墨家の思想の一部である節約思想だけが切り取られている。墨家の思想として重要であった兼愛《けんあい》（平等に人を愛すること）、非攻《ひこう》（侵略戦争の否定）にも言及せず、墨家集団の存在は影すらもない。二大勢力であった孔墨集団が焚書阬儒の政策で消滅させられたとするならば、焚書阬儒までの秦では、ある程度社会的な勢力であったと思われる。

『漢書』芸文志によれば、『墨子』は七一篇（現在は五三篇）あったが、秦王政はそのような墨子の著作集の『墨子』を読んでいたわけではない。『呂氏春秋』の『十二紀』に散見する記事を通じて墨家集団の思想と存在を知っていたのであろう。そこには墨家と明示しないが、墨家の知が数多く含まれている。本来、墨翟は小国宋を大国楚の侵略から守った戦略家であり、斉の遊説家の魯仲連《ろちゅうれん》はその戦略を「墨翟の守り」と呼んでおり、いわゆる墨守《ぼくしゅ》の語源である（『史記』巻八三魯仲連列伝）。実は倹約の思想も大国の侵略を受けずに城を守る小国の知恵であった。秦王の親政が始まり、外交と戦争の時代に、「墨翟の守り」の戦術を学ぶことはなかったのだろうか。

秦王の外交と戦争　～李斯と亡き呂不韋の後ろ盾～

始皇十二（前二三五）年の呂不韋の死とともに、ブレーンがいなくなった秦の対六国戦略が変わった反面、亡き呂不韋の思想も生きていた。始皇六（前二四一）年に東方五ヶ国合従軍から秦が侵略されたことの反省を軸として、秦王の親政期一五年が動いている。秦は東方六国の合従軍に函谷関を越えさせない外交と戦争を目指した。主導したのは、呂不韋に代わった李斯であった。李斯は東方の国々に黄金や玉を贈り、謀士を送り込んで遊説させ、みずからも東方外交を進めた。君主と臣下の関係を離間させ、その後に武力で有能な将軍を送り込む作戦であった。この巧みな離間《りかん》の策は『孫子』にも見えるものである。しかしそれだけではなかった。

李斯はみずから外交の使節として韓に赴いた。韓非が秦に来訪したのが始皇十四（前二三三）年で、韓非は秦王に対して母国の韓を擁護した（『韓非子』存韓篇）が、李斯は強く反論した。その文書が同じ『韓非子』存韓篇に載っている。秦王への上書文（四一八字：一六行木牘三枚）であるから、ここでも秦王は李斯の文章を読むことになる。李斯は「秦の韓有るは人の腹心の病（腹部と心臓の疾患）あるが若し」とたとえるが、これは商鞅《しょうおう》が「秦と魏與《と》は、譬《たと》えば人の腹心の疾有るが若《ごと》し」と述べた表現と同じで、魏を韓に換えただけである。

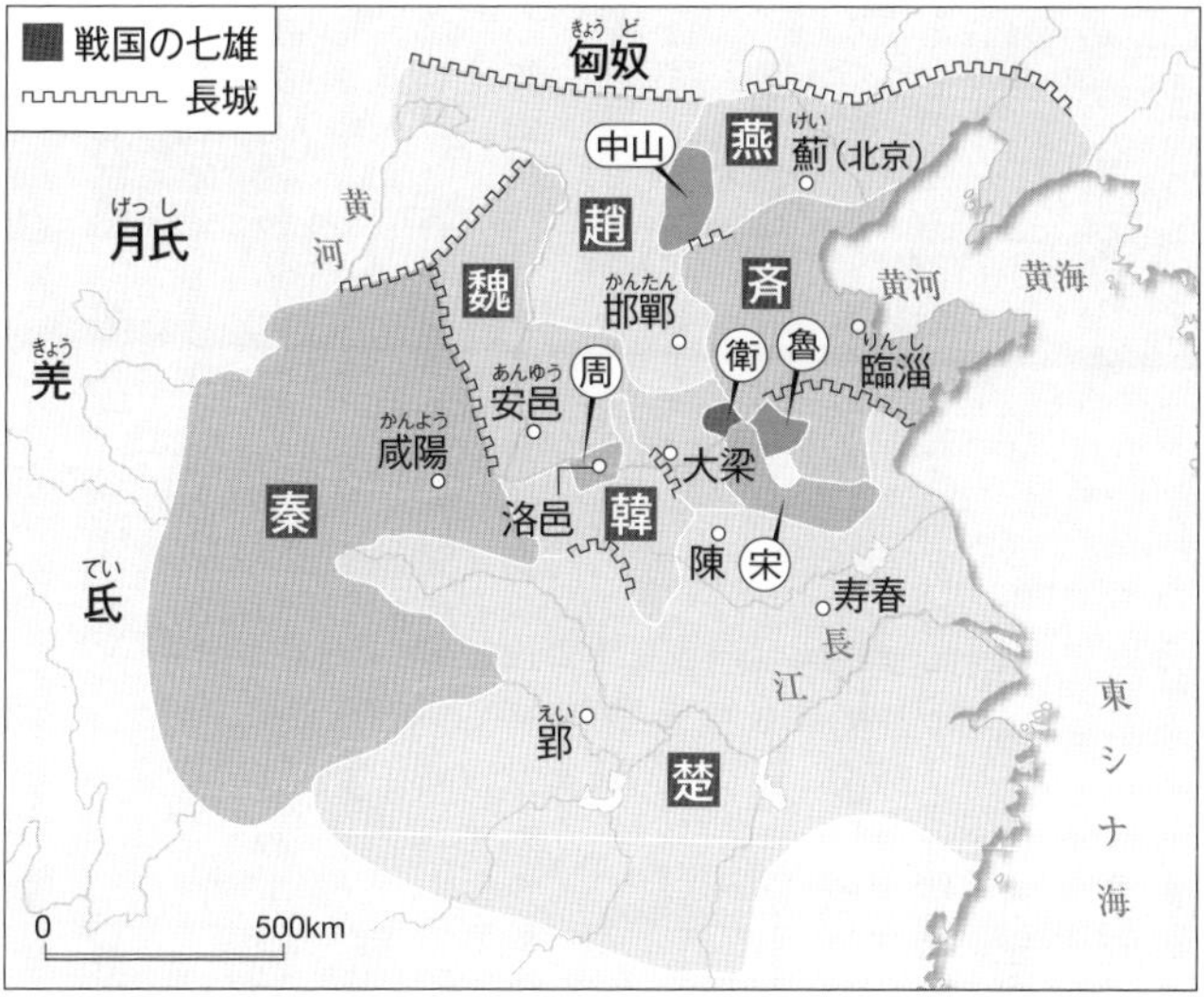

秦と東方六国（前４世紀末）

もっぱら隣国の魏に集中した商鞅の外交の知恵を韓への外交にも適用した。

李斯の続く表現は容赦ない。静かに座っていても苦しいが、急激に走ると発作が起こると言う。李斯は韓を入朝させるために韓に赴いた。しかし警戒されたのか、韓王への謁見はかなわず、韓王へ上書文（六四一字）を送ることになった。

その文章が同じ『韓非子』の箇所に載せてある。その内容はまさに大国の小国に対する威圧的外交である。当然、事前に秦王の目にも入っているはずの文章である。いま、強い秦に背いて城を棄てたら、敗軍の兵が内乱を起こすだろうし、城が陥落すれば民衆が離散してしまうと言う。内乱がなくても秦が軍を動員して都市を包囲すると脅す。

一五年間の秦の戦争と外交を見てみると、東方六国に合従する暇を与えない戦術にあった。始皇六年の五ヶ国合従軍に加わらなかった斉に対しては、丞相の后勝《こうしょう》を取り込んで、最後まで秦と戦わせない策を採った。これで秦王の対六国戦略は対五国の戦略となった。始皇二十六（前二二一）年、すでに五ヶ国を滅ぼして最後に残る斉が、戦わずして秦軍に降伏したのはそのためであった。『呂氏春秋』の『十二紀』の戦争論は、正義のためには救守（城を守る）の墨守よりも、積極的に攻伐（城を攻撃する）をすべきだと主張するものである。李斯の外交に続けて、将軍たちの実戦が続く。秦の一方的な正義は、東方諸国にとっては不義であることは言うまでもない。

『十二紀』では秋がもっとも戦争にふさわしい季節とされている。始皇二十二（前二二五）年、魏の都大梁を秦の王賁《おうほん》将軍に攻めさせた戦術は、河水（黄河）の水を引いて水攻めにするものであった。三ヶ月かけてようやく陥落したと伝えられるが、史料ではどの季節かわからない。しかし、河水の水を引けるほど水量があるのは増水時の秋の三ヶ月（七〜九月）であり、渇水期の春や冬ではあり得ない戦術である。夏の終わりから秋の季節に河水は増水し、ときに洪水を起こす。また『十二紀』簡選章では、精良の兵士（よく訓練された兵士）を選び、兵器は銛利《せんり》（鋭利）のものを得、そして能将（優れた将軍）に引率させることが重要であるという。この時期の秦の戦争で登場する将軍は、桓齮《かんき》、王翦《おうせん》、王賁、蒙武《もうぶ》、蒙恬《もうてん》、李信《りしん》、楊端和《ようたんわ》、羌瘣《きょうかい》、辛勝《しんしょう》らであった。かれらの世代間の連携（老将軍王翦、蒙武と青年将軍の王賁、蒙恬）、代々の将軍家としての技量の継承（蒙氏と王氏）は効果的であった。始皇十八（前二二九）年の対趙戦では王翦のもとで楊端和と羌瘣が連携した。始皇二十三（前二二四）年の対楚戦では、当初李信と蒙恬の青年将軍が二〇万の兵力で楚と戦ったが敗北、老将軍の王翦は六〇万の兵力で勝利した。

始皇十二（前二三五）年、東方六国の占領地である四郡の兵を動員して魏軍と一緒に楚を攻めた。四郡とはおそらく楚の領域の南郡に、巴《は》郡、蜀《しょく》郡、漢中《かんちゅう》郡を加えたものであろう。楚を攻撃するには、楚に近い占領郡から兵を出すのが基本である。睡虎地秦簡の『編年記《へんねんき》』には始皇十三（前二三四）年に被葬者の喜《き》が従軍したことを記している。南郡安陸《あんりく》県からも動員されたのである。秦は、対趙戦には太原《たいげん》郡、河東《かとう》郡、対魏戦には東郡、対韓戦には三川《さんせん》郡という拠点があり、秦から遠くに軍隊や軍糧を派遣する必要はなく、現地に近い所から効果的に兵士と軍糧を送った。始皇十五（前二三二）年の対趙戦では邯鄲《かんたん》の南の鄴《ぎょう》（東郡）と西の太原郡を攻撃した。

秦は始皇十五（前二三二）年、十八（前二二九）年、二十五（前二二二）年の三度、大量動員を発令している（「大興軍（大いに軍を興す）」という）。前の二回は対趙戦、最後の一回は対燕・代《だい》（趙滅亡後の残存政権）戦。また秦王はみずから戦地に赴いて兵士を鼓舞した。始皇十三（前二三四）年には河南、始皇十九（前二二八）年には趙都の邯鄲、始皇二十三（前二二四）年には対楚戦のさなか、楚の旧都の郢陳《えいちん》に赴いた。始皇十六（前二三一）年、まさに秋九月の戦争の季節に兵を出し、韓の南側にある南陽の地を韓から献上させ、秦の内史である騰《とう》に守らせている。魏も秦に土地を献上した。秦が魏・韓と手を結んだことも、六国に対する離間策である。

この戦間期に秦は二つの法令を出した。一つは男子に年齢を自己申告させたことである。兵士を確実に動員するため年齢に偽りがないか調べさせた。『史記』秦始皇本紀始皇十六（前二三一）年条の「初令男子書年」が睡虎地秦墓の『編年記』では「自占年」、『歳紀』では「初書年」と記されていた。占年とは、年齢を申告するという意味である。この年のもう一つの法令は、秦王自身の陵墓と墓守の都市を建設し始めたことである。『史記』には「秦置麗邑」だけであったが、胡家草場前漢基出土簡牘の『歳紀』には「為麗邑、作麗山（麗邑を為《つく》り、麗《り》（酈）山《ざん》を作る）」と記されていた。陵墓の側に墓守の邑《ゆう》（都市）を作る発想は、まさに『十二紀』に記されているものである。『十二紀』を読んでいなければこの法令は出されていなかったはずである。六国のうち韓・魏との関係が何とかなるという状況のなかで、十三歳の即位時には取りかかれなかった陵墓の建設を陵邑とともに建設を始めた。戦乱期には陵墓を守ることが求められる。陵邑に三万家の人間を住まわせるのは始皇三十五（前二一二）年の統一後のこととなる。この陵邑の制度は前漢期にも継承されることになる。

二つの戦時の死者の書

一九八六年に甘粛省《かんしゅくしょう》天水市《てんすいし》放馬灘《ほうばたん》一号秦墓で出土した天水放馬灘秦簡四七二枚のうちの竹簡六枚『志怪故事《しかいこじ》』と、二〇一〇年に寄贈された北京大学所蔵秦簡の木牘の一枚『泰原有死者《たいげんゆうししゃ》』は、死者が蘇《よみがえ》って地下の世界を語るという不思議な内容の書物である。いずれも表題はなく、前者は内容、後者は冒頭句から表題が付けられた。『漢書』芸文志のジャンルでは、諸子略の小説家に当たると言われる。しかしその内容をよく吟味してみると、秦と東方六国との間の戦時に、慌ただしく戦地で仮埋葬された墓を三年後に掘り返して本来の故郷に帰葬しようとしたときに、死者が蘇り、死後の世界を語った記録の報告書というものであり、まったくのフィクションとは言えないものだと思う。前者は『丹篇《たんぺん》（死者丹の故事）』『邸丞謁《ていじょうえつ》御史書《ぎょししょ》（邸《てい》の県丞《けんじょう》が御史に上呈する書）』とも題されて、内容の理解は少し難解なところがある。ここでは戦時の死者の書として読み込んでいきたい。おそらく、このような書も秦王の目に止まっていたと考えられる。

『志怪故事』

①八年八月己巳、邸丞赤謁御史、大梁人王里髡徒曰丹、□□七年、丹矢傷人垣離里中、因自刺殹、棄之于市、三日、②葬之垣離南門外。三年丹而復生。丹所以得復生者、吾（語）犀武舍人。犀武論其舍人尚命者、以丹③未當死、因告司命史公孫強。因令白狐穴屈出丹、立墓上三日、因與司命史公孫強北出趙氏之北④地、相丘之上、盈四年、乃聞犬吠鶏鳴而人食。其状類益（縊）、少麋（眉）墨、四支（肢）不用。丹言曰、死者不欲多衣、⑤死人以白茅為富、其鬼勝（賤）於它而富。丹言、祠墓者毋敢哭、哭、鬼去敬（驚?）走。已收腏（餟）而釐之、如此鬼終身不食殹。⑥丹言、祠者必謹騒除、毋以淘濇祠所、毋以羹沃腏上、鬼弗食殹。（①〜⑥は原文の行）

【口語訳】

（始皇）八（前二三九）年八月己巳《きし》の日に邸県丞《てい》の赤《せき》が御史に申し上げました。「大梁（魏の都）の人で王里《おうり》の髡徒《こんと》（髪を剃り落とされた刑人）がつぎのように言っていました。『丹という人物が今七年、人を垣離里《えんりり》のなかで傷つけたことから、みずから自殺し、その遺体は市場でさらし首となり、三日後に垣の離の南門の外に埋葬されました。三年後に丹は蘇りました。丹を蘇らせたのは犀武《さいぶ》（魏の将軍公孫喜）の舎人《しゃじん》でした。犀武は舎人に取り調べさせたところ、丹は死罪に当たらず無実だとわかりましたので、（犀武は）司命史の公孫強に告発して調べさせました。そこで白狐に墓穴を掘らせて丹の遺体を掘り出し、墓上に三日間置いてから、司命史の公孫強とともに北の趙氏（趙国）の北の相丘《そうきゅう》に行き、埋葬しました。四年経つと墓では犬が吠え、鶏が鳴き、鬼が供え物を食べていました。その鬼の姿は眉が墨のような顔で、四肢（手足）は動きません。蘇ってからの丹が言うには、死者は衣をたくさん着せられることを望みません。白茅の衣装だけで十分です。鬼を避けるだけで十分です。また丹はこう言いました。墓を祀《まつ》る者は泣き叫ばないでください。慟哭《どうこく》すると鬼が何かを持って逃げてしまいます。腏《てつ》も収めてください。こうすれば鬼は生涯供え物を食べることはありません。丹はまたこう言いました。祀る者は、墓をきれいに掃除してください。祠堂に酒を注ぐことはやめてください。供え物の肉に酒を注ぐと鬼が食べてしまうのでやめてください。』と。」

これは、始皇八（前二三九）年八月己巳の日に被葬者に関係のある邸（邽）県の丞の赤が御史（中央の御史）に報告した正式の文書の複製と考えられる。御史に報告された内容は、当然秦王にも届いているはずである。邽県は現在の甘粛省天水市、出土した秦墓のあった県であり、秦の隴西《ろうせい》郡邽県、のちに渭水《いすい》流域に下邽県を設けてから上邽県となった。秦人の赤がおそらく魏の戦地で魏人から聞きつけた話を上申したのであろう。秦王政は即位してから蒙驁《もうごう》将軍に韓、魏を積極的に攻撃させ、始皇六（前二四一）年には逆に五国の合従軍が秦を攻めることになる。大梁（魏）の人で王里の髡徒とは、秦軍に下った人間であろう。かれの話のなかに出てくる丹が味方を誤射して殺害した事件は、秦の昭王の時代までさかのぼる。秦昭王十八（前二八九）年には、秦の司馬錯《しばさく》が魏を攻撃して六一の城を奪った。垣は黄河北岸の魏の県であり、秦の昭王十五（前二九二）年に秦の白起《はくき》は魏の垣を攻めている。昭王十八年、司馬錯は垣と河雍《かよう》を攻めた。丹はこのような秦との戦争のさなか、味方の魏兵を誤って殺したのであろう。丹はさらし首となり、垣の離里の南門外に埋葬された場所は、刑徒として埋葬されたのであり、故郷に帰葬されたのではない。死罪を受けて集団墓地に仮埋葬さ

①

■八年八月己巳邸丞赤敢謁御史大梁人王里髡徒曰丹□□七年丹矢傷人垣離里中因自刎殹□之于市三日

②

葬之垣離南門外三年丹而復生丹所以得復生者吾犀武舎人犀武論其舎人尚命者以丹

③

未當死因告司命史公孫強因令白狐穴屈出丹立墓上三日因與司命史公孫強北之趙氏之北

④

地柏丘之上盈四年乃聞犬犻雞鳴而人食其状類益少麋墨四支不用丹言曰死者不欲多衣

⑤

死人以白茅為富其鬼賤於它而富丹言祠墓者毋敢殻〻鬼去敬走已収腏而盤之如此鬼終身不食殹

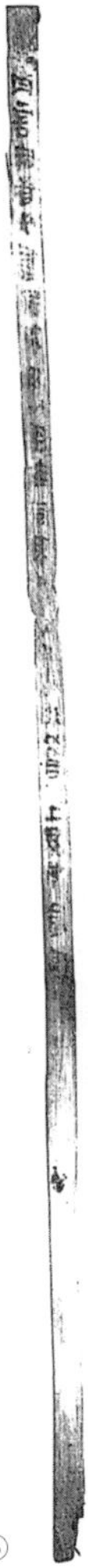

⑥

丹言祠者必謹騒除毋以淘濇祠所毋以羹沃腏上鬼弗食殹

志怪故事（『天水放馬灘秦簡集釈』）

れた無念さが、三年後に丹を蘇らせることになったのであろう。三年という年月は、つぎの泰山有死者でも三年で蘇るので意味のある年数と言える。木棺に収められ、地中に埋葬すると、棺が朽ちて遺体は白骨化する。その区切りの年数であり、仮埋葬から本葬の区切りでもあったのであろう。掘り出すことをしなければ、遺体が蘇る話につながらない。戦地の仮埋葬を故郷の墓地に戻すことは、兵士を戦争に駆り出した国家の務めであり、それをしなければ悪鬼が墓に寄りつくことになる。

ここで登場する歴史上の人物、魏の犀武将軍は公孫喜である。犀武は魏昭王三（前二九三）年、秦の白起が韓の伊闕《いけつ》を攻撃したときに大将として迎え撃ったが、敗北して殺されている。事情を知る犀武の舎人は、丹が無実であったことを知り、魏の司命史の公孫強に再審を求めた。白狗に墓穴を掘らせて多くの遺体から丹の遺体を探し出し、墓上に三日間立たせてから、北の趙氏（趙国）の北の相丘に行かせた。そこは丹の故郷であり、晴れて帰葬したのかもしれない。新たに埋葬された墓の前では、やがて犬が吠え、鶏が鳴き、鬼が供え物を食べていたという。蘇った丹は死後の世界を語った。これをフィクションと見るよりは、戦禍のなか、不本意に埋葬された人々や家族に寄り添った故事として読み取りたい。

戦時下で亡くなった人々への配慮は出土資料に散見する。睡虎地秦簡の田律によれば、春の山林の伐採を禁じ、夏に樹木が成長してからでなければ利用を許可していない。ただ、例外として「不幸にも死して棺槨《かんかく》を伐つ者は是れ時を用いず」としており、これは戦死も含めて不慮の死の場合は例外として共同利用の樹木を伐採して棺槨を作ってもよいという決まりであった（『睡虎地秦簡竹簡』）。

占領地の死者の書　北大秦牘《泰原有死者》

二〇一〇年、北京大学に寄贈された秦代の竹簡のなかに「泰原有死者」のことばで始まる一枚の木牘（二七頁の写真参照）があり、もう一枚の死者の書と言えるものであった。内容を見てみよう。

泰原有死者、三歳而復産、献之咸陽、言曰死人之所悪、解（一行目二二字）
予死人衣。必令産見之、弗産見、鬼輒奪而入之少内、死（二行目二一字）
人所貴黄圏。黄圏以當金、黍粟以當銭、白菅以當繇。女子死三（三行目二四字）
歳而復嫁、後有死者、勿并其冢。祭死人之冢、勿哭。須其已食（四行目二三字）
乃哭之、不須其已食而哭之、鬼輒奪而入之厨、祠、毋以酒與（五行目二三字）

羹沃祭、而沃祭前、収死人、勿束縛。毋决其履、毋毀其器。（六行目二一字）令如其産之臥毆、令䰟（魄）不得茖（落）思、黄圏者、大叔（菽）（七行目十九字）毆、檠（黎）去其皮、置於土中、以為黄金之勉。（八行目十五字）

こちらは木牘に八行にわたって一六八字が書かれている。木牘の大きさは縦二三センチメートル（一尺）、横四・七センチメートル（二寸）、一行の文字数は最終行の一五行のほかは一九～二四字である。

【口語訳】

「泰原（太原郡）のある死者が三年経って蘇りましたので、咸陽の都へ送りました。その死者が言うには、『死者の嫌うことは、（墓を掘り返されて）死者の衣を奪われることです。死者が蘇ってその衣を見つけますし、そうでなくても死者の鬼神が奪い取って少内（財物管理の役所、ここでは地下の副葬品収蔵を管理）に収めます。死者のもっとも大切にするものは黄圏です。黄圏《こうけん》は黄金に当たります。黍粟《しょぞく》は銅銭に当たります。白菅《はっかん》は撚《よ》り糸に当たりま す。（死者の妻の）女子（里耶秦簡でも妻・娘ともに女子と言う）が（死者の）死後三年したら再婚できますので、その後に死んでも死者の夫の墓には合葬しないでください。死者の墓を祭るときには哭《こく》することはしないでください。死者が供物を食べてから哭してください。食べるのを待たずに哭すると、鬼神が供物を奪って地下の厨房に入れてしまいます。墓を祀るときは、酒と羹《こう》（実入りスープ）を注ぐ祭りをしてください。注ぐ前に収めてしまうと、死者は棺のなかで身を束縛することができません。死者の履を損ねたり、墓に収めた器物を壊したりしないでください。蘇った者はまたもとのように寝かせてあげてください、魄のよりどころがなくなってしまいます。黄圏は大豆であり、その皮をむいてから土のなかに置き、黄金のように扱ってください」。

太原郡は、いまのテキストの『史記』では太原郡と書くが、それは魏晋時代以降の表記であり、同時代の岳麓秦簡などの簡牘では泰原郡とし、封泥《ふうでい》では大原郡としていた。荘襄王二（前二四八）年、秦は蒙驁将軍を送って趙を攻め、太原を平定した。秦王時の始皇帝の治世では太原郡として占領支配した。この死者は荘襄王のときに対趙戦で戦死し、現地でやはり仮埋葬されていたのであろう。一方、敵兵を戦地で集団埋葬すれば、阬《こう》（坑）殺ということになる。秦の白起将軍は昭王のときに長平の戦いで趙兵四五万人余りを阬殺（穴埋め）した。

趙兵は改葬されずに現地に埋まったままであった。

　秦王は戦地をしばしば訪れることがあった。『史記』の記録だけでも、始皇十三（前二三四）年、秦王は河南に行った。前年に呂不韋が亡くなった地であり、ひそかに埋葬された墓地を訪れたのであろう。呂不韋も故郷には帰葬されていない。始皇十九（前二二八）年には秦軍が趙王を捕らえたあとに都の邯鄲に入った。秦王は、かつて邯鄲で母の一族を迫害した者を探し出して阬殺した。その直後、秦王は「泰原有死者」の舞台の太原（泰原）郡と上郡をめぐって咸陽に戻った。始皇二十三（前二二四）年にも、秦王は「游びて郢陳《えいちん》に至る」と記され、この游は遊びではなく、都を離れる行動を指す。ここでも秦王は、秦軍が荆（楚）王を捕らえた直後に、楚の旧都の郢陳に入って戦地を訪れている。秦王自身、「泰原有死者」に見る戦地での埋葬の状況を十分知っていたはずである。

新発見遊説家の書

　二〇二一年、湖北省雲夢《うんぼう》県鄭家湖《ていかこ》の戦国末期の二七四号秦墓から、これまでその名前すらまったく知られていなかった一人の遊説家が秦王と直接対話し、自説を進言した書が出土した。『漢書』芸文志には従横《しょうおう》一二家一〇七篇のなかに『蘇子《そし》（蘇秦《そしん》）』三一篇、『張子（張儀《ちょうぎ》）』

一〇篇、『龐煖《ほうけん》』二篇、『闕子《けっし》』一篇、『国筮子《こくぜいし》』一七篇、『秦零陵令信《しんれいりょうれいしん》』一篇（丞相李斯を非難する書）などが挙げられているが、もちろんそこにはない。内容は前例もなく、秦の戦争の悲惨さを語り、停戦を主張するかなり刺激的なものである。登場する秦王は荘襄王であると思われるが、このような書物が始皇帝による統一前後の時代の秦の地方官吏の墓のなかに収められていたのは、なぜだろうか。

出土場所は、はじめて始皇帝の時代の竹簡が出土した睡虎地秦墓とは三キロメートルしか離れておらず、また楚王城遺址（南郡安陸県故城）をはさんで反対側は同じ始皇帝の時代の龍崗秦簡《りゅうこうしんかん》の出土地があり、そのすぐ近くである。長方形の縦穴土坑墓では棺《ひつぎ》を椁室《かくしつ》がおおい、一六件の副葬品が棺の頭部の部屋にきっちりと収まっていた。地方官吏は、統一前は楚の地に置かれた秦の占領地支配の南郡下にあり、統一後は秦が全国に置いた郡の一つである南郡下にあった。かれはどのような立場でその書を読んだのだろうか。秦王も自身が登場するその書の内容を知らないわけはなく、始皇帝の読んだ書物のなかに入れることができるだろう。

この書籍の形態は長さ三三・六センチメートル、幅三・六センチメートル、厚さ一・七センチメートルの木の裏表に書かれ、一方が稜線をもつ円弧状になっているので觚《こ》という。觚は青銅の酒器ではなく角のついた円弧の稜線のことをいう。丸木を縦に一・七センチの厚さ

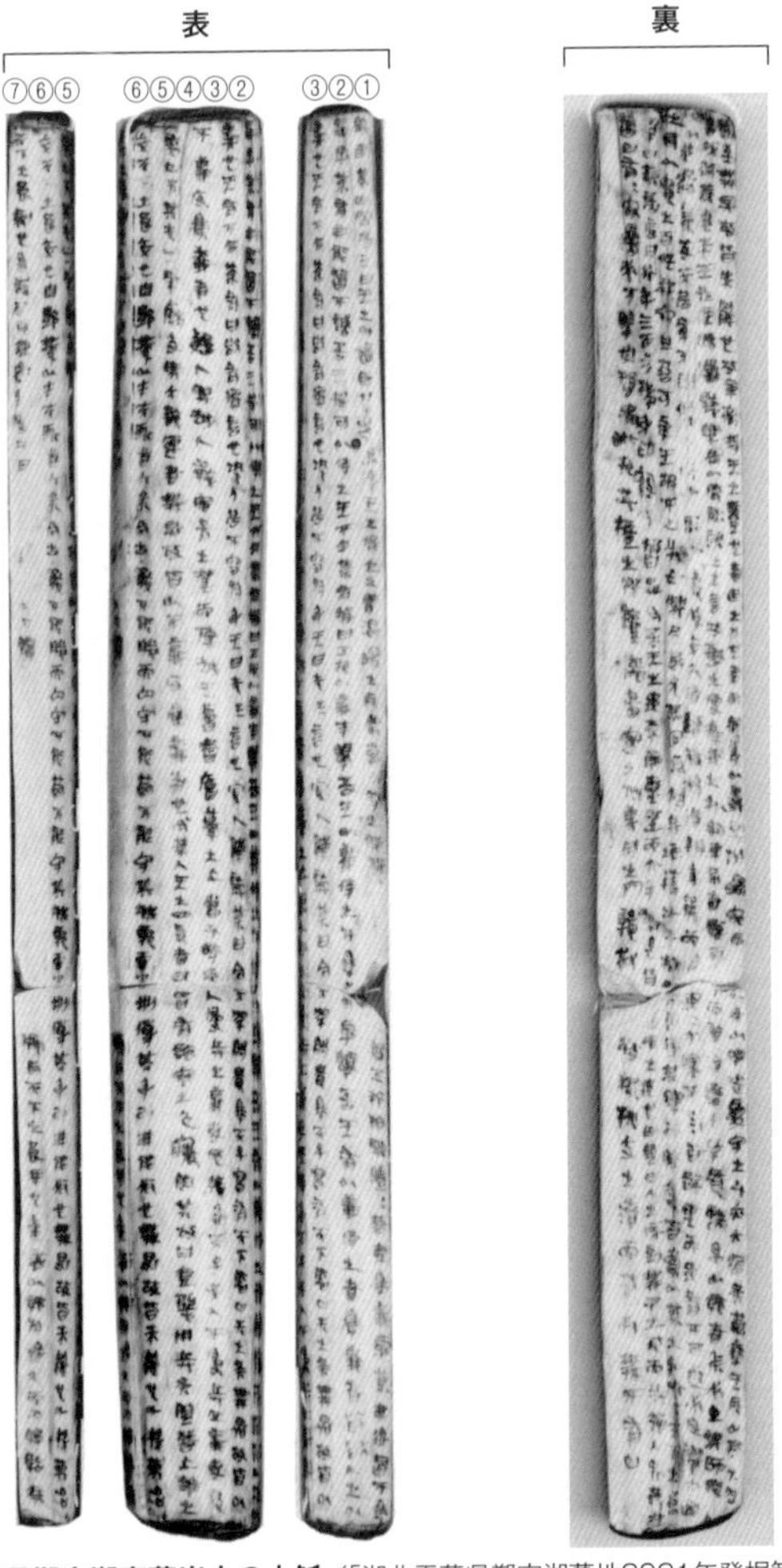

湖北雲夢県鄭家湖秦墓出土の木觚（「湖北雲夢県鄭家湖墓地2021年発掘簡報」）
左3枚が觚面7行（表）、右1枚が平面6行（裏）。表側の写真は、1～3行、2～6行、5～7行が写っており、2、3、5、6行が重なる。

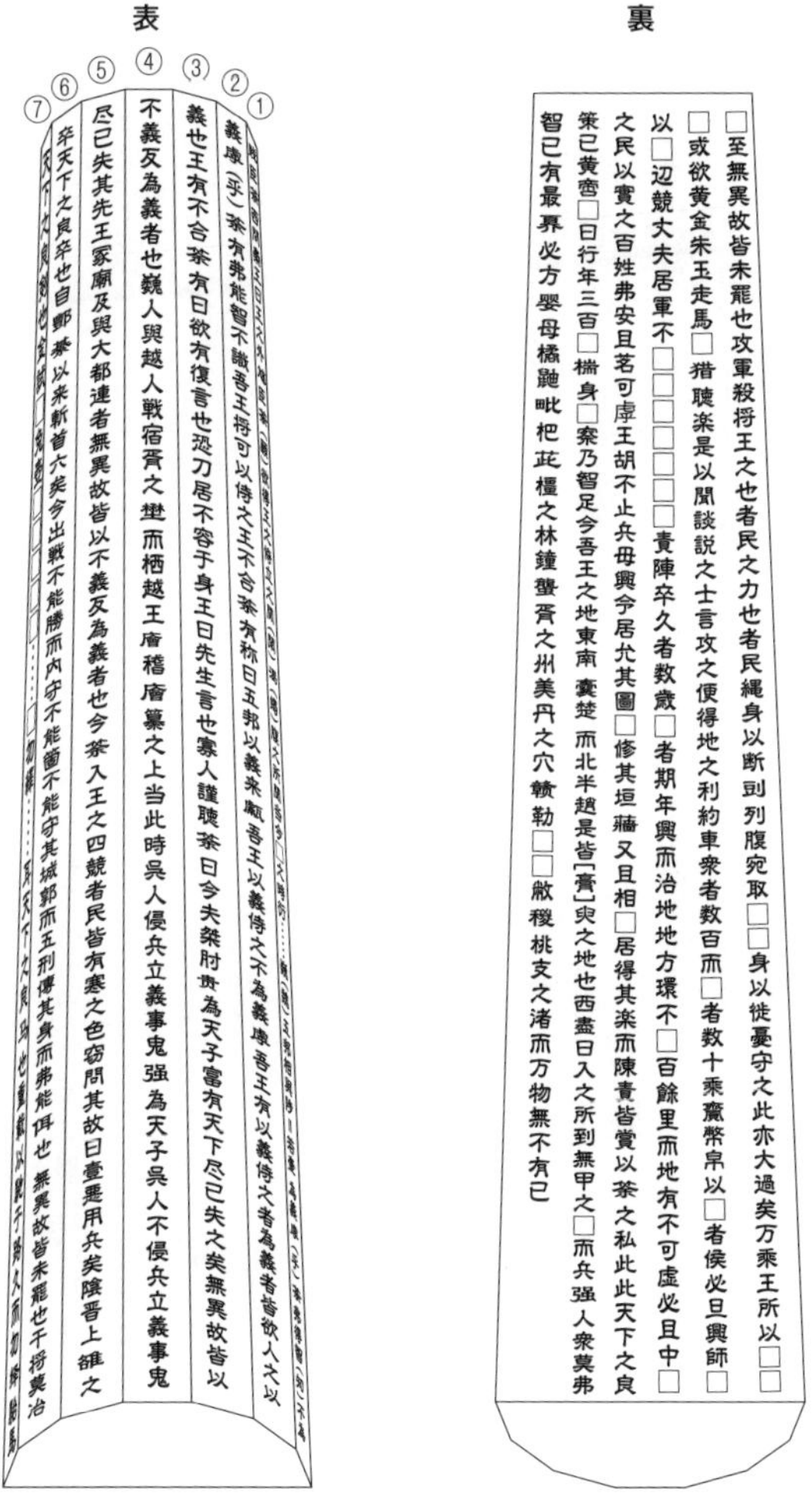

木觚の形状

（文面は「湖北雲夢鄭家湖墓地M274出土“賤臣筡西向秦王”觚」の釈文による）

に割り、表には稜線を六本作って幅〇・五〜〇・六センチメートルの平面を七つにし、裏は表と区別して平面にしたものである。表は七行、裏は六行（七行目は空白、裏六行で終わる）に一行五〇字余り、全体で約七〇〇の文字が書かれていた。竹簡であれば長簡一三枚程度で一篇の分量であり、この木觚《もくこ》は竹簡とは異なり、開閉の手間もなく、正面は少し回転させて読むことになる。漢代の習字や法制文書の木觚は知られていたが、秦のものは北京大学所蔵秦簡木觚に続くものである。

文章は無題、筡《と》という名の人物と秦王との問答形式で書かれてる。冒頭句のことばから「賤臣筡西問秦王（賤臣筡、西のかた秦王に問う）」觚と命名された。筡は東方の賤臣（下級官吏）であり、秦王の外諠臣《がいきゅうしん》（諠はせまる意味）と自称して西の秦王に停戦を提言した。統一前に外諠臣として秦王に進言した人物は、斉人の茅焦《ぼうしょ》と大梁（魏）人の尉繚《うつりょう》がいずれも始皇十（前二三七）年に登場する。

茅焦は秦王が嫪毐の乱にかかわった母の太后を幽閉したことをつぎのように諫めた。「秦方以天下為事、而大王有遷母太后之名、恐諸侯聞之、由此倍秦也」と。すなわち、「秦は天下のことを行っているのに、大王が母の太后を遠くに遷したことがうわさになれば、諸侯が聞きつけ秦に背くようになるだろう」という内容である。また、尉繚はつぎのように言った。

「願大王毋愛財物、賂其豪臣、以亂其謀、不過亡三十萬金、則諸侯可盡」と。東方諸侯の合従を抑えるためには、大王の財物を惜しみなく諸侯の豪臣に贈って謀《はかりごと》を攪乱《かくらん》すべきだと提言したのである。それは、三〇万金もあれば十分であると言う。

秦王は東方人の二人を疑わず、かれらの提言に同意した。秦王は積極的に東方の賓客游士を招致して意見を求めたのである。尉繚は過去の事例を挙げて、諸侯の合従の結束を攪乱すべきだと説得する。すなわちかつての晋の智氏は六卿の有力氏族の一つでありながら趙、魏、韓氏の連合軍に敗れて滅び、また、呉の夫差《ふさ》は北方の外交で覇者を目指しながらも南の越に攻撃されて自害して国を失い、さらに斉の湣王《びんおう》も燕の楽毅《がくき》を中心とした五ヶ国連合軍の攻撃を受けて殺され、斉は崩壊寸前まで追い詰められたことを伝えた。

筡も茅焦や尉繚のように秦王に直面して秦の戦争の無謀さを直言した。蘇秦の合従策でも張儀の連衡《れんこう》策でもなく、秦の戦争そのものの不正義を説いた。対話は双方のやり取りであり、一回目は「魏など五邦が一つになることに正義はあるのか」と尋ねると秦王は答えなかった。二回目に「五邦が秦に朝見することに正義で対応してほしい」と言っても、秦王は無反応であった。三回目に「刀鋸《とうきょ》の刑罰を覚悟して再度申し上げたい」と覚悟を示すと、ようやく「先生の言葉を寡人（諸侯の自称）は謹んでお聴きしたい」と返ってきたので、筡は停戦論を長々と披露した。ここでいう魏を中心とした五国合従軍とは、秦荘襄王三（前二四七）年に魏の公子無忌（信陵君）が五国の兵を率いた合従軍を指す。直後に荘襄王は死去し、秦王政が即位する。荘襄王は即位すると、蒙驁将軍に韓や趙、魏を攻撃させ、魏の都大梁に迫って三川郡を置き、趙の三七城を攻略した。王齕《おうこつ》（王齮《おうき》）には上党を攻撃させて太原郡を置いた。合従軍が結成されるまで攻撃は続いた。筡の提言は、合従軍の結成の直前の状況下に出されたのであろう。筡は夏の桀王《けつおう》、殷の紂王《ちゅうおう》の亡国から話し始め、呉が越に滅ぼされたことにも言及した。いま秦が行っている戦争は、王にとっては幸福であっても「民衆は頭を絶たれ、腹を裂かれる」大きな災禍であると言う。秦王の地はすでに物産豊かな土地であり、何不自由ない。なぜ兵を止めて民衆を楽にさせないのか。停戦こそ天下の良策であると主張した。

　秦の地方官吏の墓に収められていたこうした文書は複製であり、原本は秦王政も目にしていたはずである。秦の東方六国との戦争も、一方的な正義の戦争としてではなく、東方六国の立場や、民衆の犠牲などを秦王自身が理解していたと思われる。

第三章

天下統一の書

皇帝号の議論

始皇二十六（前二二一）年の六国平定後、始皇帝はみずからの称号を臣下たちに議論させている。すでに序章で文書の形態についてふれたので、ここでは内容に注目し、どのような典拠の書物があるのか、見てみたい。いま一度、『史記』秦始皇本紀《しんしこうほんぎ》の記録を四段に分けて整理する。

①今「名號不更」無「以稱成功」〈傳後世〉「其議帝號」

②丞相綰御史大夫劫廷尉斯等皆曰
「昔者五帝」「地方千里」其外「侯服夷服」「諸侯或朝」或否天子不能制
〈今陛下〉〈興義兵〉〈誅殘賊〉「平定天下」海內〈為郡縣〉法令〈由一統〉
自「上古以來」未嘗有五帝所不及〈臣等謹〉「與博士議」曰
「古有天皇」〈有地皇〉〈有泰皇〉「泰皇最貴」「臣等昧死」〈上尊號〉
「王為泰皇」〈命為制〉〈令為詔〉「天子自稱」曰朕

③王曰「去泰著皇」采「上古帝位」號「號曰皇帝」〈他如議〉

④〈制曰可〉

秦王は帝号を議論するように命じた。これはかつて秦王政が手本とした曾祖父昭王《しょうおう》が一時帝号を称した（昭王十九〈前二八八〉年）ことが念頭にあり、王号の上位には帝号があることを認識していたからである。これを受けて丞相《じょうしょう》の王綰《おうわん》、御史大夫《ぎょしたいふ》の馮劫《ふうきょう》、廷尉《ていい》の李斯《りし》の三人は、博士たちと議論した。博士たちの意見は、「上古には天皇《てんこう》、地皇《ちこう》、泰皇《たいこう》があり、泰皇がもっとも尊ばれている」というものであった。そこで泰皇を秦王に提案した。ところが秦王は泰の字を取り去り、皇の字を残し、上古の帝号と併せて皇帝号をみずから採用することにした。そのような内容である。

博士たちの言う、天皇・地皇・泰皇の提案は果たして何を典拠としていたのだろうか。また、一方の秦王の決定は何に依拠しているのか。この三つの皇は三皇のことであるが、『史記』秦始皇本紀には何も語られていないので、推測するほかない。

『呂氏春秋《りょししゅんじゅう》』の『十二紀』孟春《もうしゅん》紀貴公《きこう》章などには三皇五帝の徳を称《たた》える話が見える。しかし、三皇が誰を指すのかは言及していない。唐の司馬貞《しばてい》は、三皇は伏羲《ふっき》・女媧《じょか》・神農《しんのう》だとして三皇本紀《さんこうほんぎ》なるものをわざわざ執筆した。また、三皇とは一説に天皇・地皇・人皇《じんこう》であるとし、泰皇をわざわざ人皇と言い換えた。しかし、泰皇はあくまでも泰皇である。前漢武帝のときに謬忌《びゅうき》という人物は天一《てんいつ》・地一《ちいつ》・太一《たいいつ》の三つを祭るべきであることを提案している。天神の貴いものが太一であると言う。太一はもともと泰一と書く。(『史記』巻二八封禅書《ほうぜんしょ》)。秦漢の簡牘《かんとく》史料を見ると、泰の字が使われており、秦漢以降の文献で泰が太の字に置き換えられているので、漢代においては泰一であった。天一・地一・泰一は天皇・地皇・泰皇に対応し、博士たちが泰皇をもっとも尊いと言ったことと一致する。天のなかに泰一があったが、天と泰一の違いはわかりにくい。

一方、三皇とは別に、秦王が提案した皇帝号は、『十二紀』に見える皇天上帝《こうてんじょうてい》に近い。『十二紀』季夏《きか》(六月)紀と季冬《きとう》(十二月)紀によると、天子は皇天上帝を祭ることとされている。『詩経《しきょう》』大雅蕩之什《たいがとうのじゅう》の雲漢《うんかん》では昊天上帝《こうてんじょうてい》とも書かれている。『尚書《しょうしょ》』召誥《しょうこう》では皇天上帝とされている。『詩経』大雅皇矣《こうい》の「皇矣上帝(皇《おお》なるかな上帝)」の皇は上帝を修飾することばである。秦王は、三皇の泰皇とは別に、昊(皇)天上帝ということばを『十二紀』『詩経』『尚書』の書から認識していたはずである。

清華《せいか》大学蔵戦国楚《そ》簡には、「皇天」とか「皇上帝」と記した楚文字が見える。そのなかに「皇帝」という文字も見られるが、帝の字は上と帝の合字に見える(次頁の図版左参照)。秦王は、みずからが上帝に近づこうとして皇帝と称し、従来の王号を超えようとしたのである。

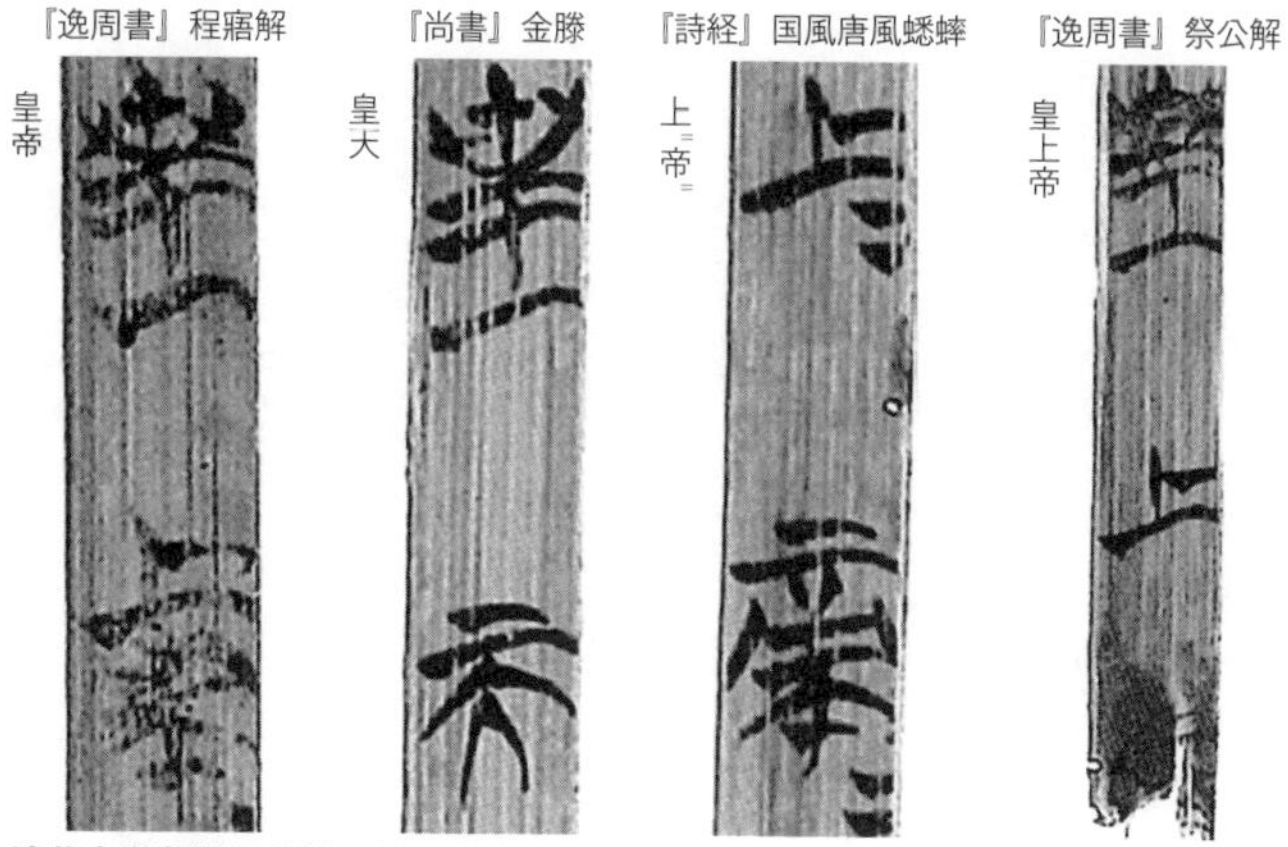

清華大学蔵戦国楚簡に見る楚文字（黄徳寛主編、清華大学出土文献研究與保護中心編『清華大学蔵戦国竹簡』中西書局）

昊天とは大いなる天であり、皇帝とは煌々《こうこう》と輝く帝であった。曽祖父昭王にようやく追いついたのである。

『呂氏春秋』八覧の有始覧《ゆうし》に「極星は天と倶《とも》に游《あそ》ぶも天極は移らず」とあり、始皇帝も天極（天の北極）の周りを極星（北極星）が回っていたことを実際の星空から知っていたはずである。『論語』為政《いせい》篇にも「子曰く、政を為すに徳を以てすれば、譬《たと》えば北辰《ほくしん》の其の所に居て、衆星《しゅうせい》のこれを共するがごとし」とあり、徳治政治を北辰（北極）を中心に多くの星がめぐることにたとえている。

天の北極が天の中心であり、そこに天帝が居住する。司馬貞は泰一が天帝の別名であるとするが、実はそうではない。天の北極には五つの星があって、帝星（北極星）はその一つにすぎない。現在は天の北極にもっとも近いこぐま座（中国の勾陳《こうちん》）のα星（ひしゃくの柄）が北極星であるが、中国古代では二〇〇〇年前に天の北極にもっとも近かったβ星（ひしゃくの先）が北極五星の一つであり、これを帝星と呼んでいた。夜空に煌々と輝く帝星を見て皇帝という称号を決断したことも考えられる。みずからは天極（上帝）ではないという意図もうかがえる。

始皇二十七（前二二〇）年に信宮を極廟《きょくびょう》とし、天極を象《かたど》った。極廟から酈山陵《りざんりょう》へ通路で連結させた。始皇帝が亡くなると、始皇廟を作り、極廟として、全国からの供物（貢職《こうしょく》）を献上した。天極を地上の咸陽《かんよう》城に投影したのである。

里耶《りや》秦簡の簡牘に新たな史料が出てきた。「泰上《たいじょう》の観献《かんけん》は皇帝と曰《い》え」「天帝の観献は皇帝と曰え」という文が示すのは、泰上（岳麓《がくろく》秦簡によれば泰上皇の祠廟《しびょう》）と天帝（昊天上帝）を祭祀する場合は、皇帝として行うということである。泰上と天帝はあくまでも天上の存在であり、地上の皇帝とは一線を画している。「帝子の游《ゆう》は皇帝と曰え」という記述もあり、ここからは、王の時代は帝子、すなわち上帝の子と言っていたことがわかった。帝はあくまでも皇天上帝（昊天上帝）であった。そこに近づこうとした称号を秦王みずから発案した。そして、みずからを皇帝とし、亡き父荘襄王《そうじょうおう》を追尊《ついそん》して太上皇《たいじょうこう》と言った（「追尊荘襄王為太上皇」〈『史記』秦始皇本紀〉)。里耶秦簡では「荘王を泰上皇と為す」としている。これも同時代の秦簡では泰上皇という書き方となっており、のちに太上皇と書き換えられたものである。岳麓秦簡律令《りつれい》によれば泰上皇を祭る祠廟が県にあったという。始皇帝が天帝に近づけば、荘襄王も泰上皇(泰皇)に近づけたのである。天帝と泰皇は違うということがわかる。話を最初にもどせば、臣下は泰皇が最高神としたが、秦王はこれに満足しなかったということである。

始皇帝の称号と「謚法解」

皇帝号の成立とともに、謚号《しごう》(おくりな、謚の字は諡・謚とも書く)をやめる重要な命令を出した。『史記』に収録された「制して曰く」で始まる文章は、皇帝になった秦王がはじめて下した重要な命令である。その文面を分析しながら、このとき何を典拠(書物)として下したのか考えてみたい。白文で二音節のことばを太字にし、三音節、四音節の句をそれぞれ〈〉と「」で囲んで明示する。なお、『史記』では諡の字を使っている。

「制曰朕聞」**太古**「有號毋謚」「**中古**有號」死而「以行為謚」〈如此則〉〈子議父〉「臣議君

也」〈甚無謂〉「朕弗取焉」「自今已來」〈除**謚法**〉朕為〈始皇帝〉**後世**〈以計數〉「**二世三世**」「至于**萬世**」「傳之**無窮**」

制《せい》ということばは、皇帝号を論議した際の臣下の提言どおりに新たに定めたものである。命（命令）を制、令（法令）を詔《しょう》とし、朕《ちん》を自称とした。制ということばは本来いくつかの意味がある。私たちも日常で使う、制御、制限、制裁ということばでの制は「おさえる」、制作の場合は「つくる」、制度の場合は「きまり」と、それぞれ違う意味で使っていることからもわかる。秦王の時代の令は、皇帝になると制の字に換えた。その文書を制書と言い、とくに皇帝が認可することを制可《せいか》と言うようになった。皇帝のことばは最初は中央高官に下されるが、その後、全国の官吏に詔として下される。制詔として制と詔を区別しないで言うこともある。

さて、ここでは皇帝は何を制した（何の命令を下した）のであろうか。太古にはなかった謚号だが、中古の時代には（当人の）死後に、生前の行為をもとに謚を考えるようになった。これは子が父を、臣下が君主を評することとなり、いわれのないことである。朕はそれを採用せず、いまから謚号を廃止し、朕を始皇帝とし、後世順番に二世、三世と万世まで数え、尽きることなく伝えていきたいと命じた。ここで始皇帝が言う謚法とは、いまに伝わる『逸《いっ》周書《しゅうしょ》』の「謚法解《しほうかい》」のことを指している。

『逸周書』とは、『漢書《かんじょ》』芸文志《げいもんし》に記録されている『周書』七一篇のことであるが、のちに原本は散逸し、太康《たいこう》元（二八〇）年に戦国魏《ぎ》の襄王《じょうおう》の墓から発見された竹簡群に入っていたとされ、そこから『逸周書』と呼んでいる。また、近年では戦国時代の楚の竹簡（清華大学蔵竹簡）のなかに、現在の『逸周書』の「皇門解《こうもんかい》」「祭公解《さいこうかい》」「命訓解《めいくんかい》」と合致するものが発見されているので、「謚法解」も戦国期の内容だと考えてよい。

「謚法解」には、重複を除けば一〇〇前後の謚号の文字が見られる。始皇帝の父荘襄王の荘の字には六つもの解釈がされている。「兵甲亟《へいこうすみや》かに作《な》すを荘と曰う」「敵に勝ち志強きを荘と曰う」「原野に死するを荘と曰う」「武なるも遂げざるを荘と

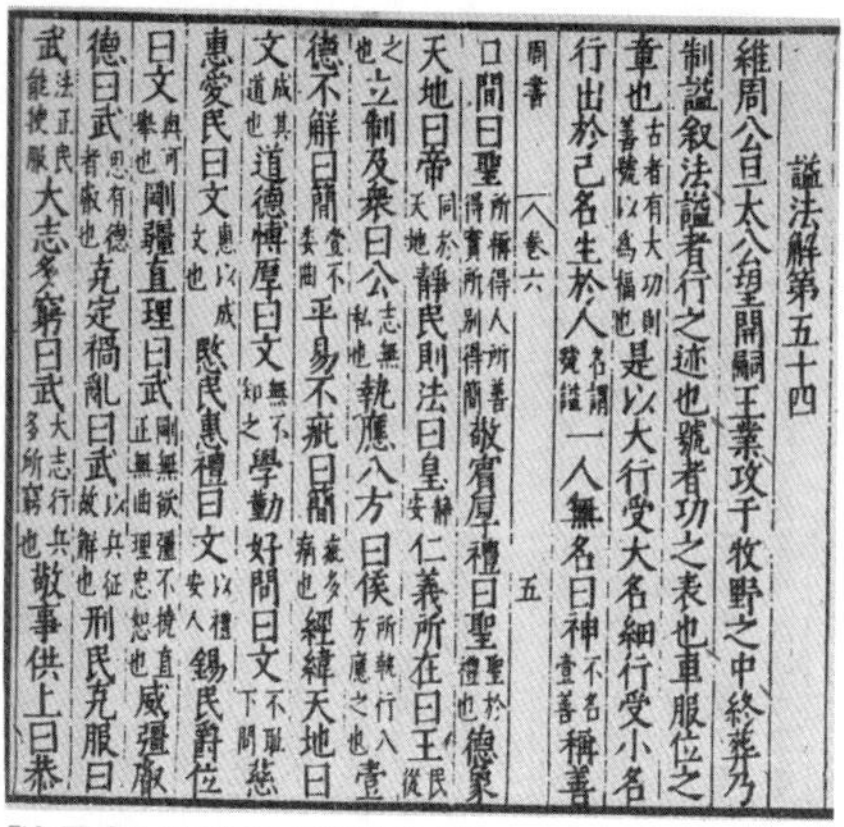
謚法解第五十四
維周公旦太公望開嗣王業攻于牧野之中終葬乃
制謚叙法謚者行之迹也號者功之表也車服位之
章也古者有大功則善號以爲稱也是以大行受大名細行受小名
行出於己名生於人名謂號謚一人無名曰神不名壹善稱善
周書〈巻六〉五
口聞曰聖所稱得人所善得實所別得簡敬賓厚禮曰聖聖於禮也德象
天地曰帝同於天地靜民則法曰皇靜安仁義所在曰王民從
之立制及衆曰公志無私也執應八方曰侯所執行八方應之也壹
德不解曰簡壹不委曲平易不疵曰簡無多病也經緯天地曰
文成其道也道德博厚曰文無不知之學勤好問曰文不恥下問慈
惠愛民曰文惠以成文也愍民惠禮曰文以禮安人錫民爵位
曰文與可舉也剛彊直理曰武剛無欲彊不撓直正無曲理忠恕也威彊敵
德曰武思有德者敵也克定禍亂曰武以兵征敵解也刑民克服曰
武法正民能使服大志多窮曰武大志行兵多所窮也敬事供上曰恭

『逸周書』謚法解（『漢魏叢書』）

曰う」などとあり、どれも亡き君主の評価には幅がある。戻《れい》（前の過を悔いず）、煬《よう》（礼を去り衆を遠ざく）、愍《びん》（禍乱方《まさ》に作《おこ》る）、霊（死して志成る）などの評価の低い諡号字を見て、いま皇帝号を定めたそのときに諡法を禁止する命令を下したのであろう。

諡号字には、皇（民を靖《やす》んじ法に則《のっと》る）と帝（徳の天地を象《かたど》る）の二字もあり、「諡法解」が戦国時代にまとめられたものであれば、皇も帝も皇帝号とは別に諡号として用いられる可能性があった。始皇十九（前二二八）年、秦王の母の太后（母太后）が亡くなったが、『史記』呂不韋列伝によれば諡を帝太后とし、すでに亡き夫の荘襄王と芷《し》陽《よう》に合葬されたという。唐の司馬貞は、帝の字を諡号と解釈せずに、秦王が皇帝になったのちに皇帝に合わせて帝太后と号したのだととらえている。司馬貞の『史記索隠《しきさくいん》』は、隋の王劭《おうしょう》の「秦は諡法を用いていないからこれは号であろう」という説に従ったのだが、これは間違いである。秦王が皇帝になったときにはじめて諡法を廃止したのであり、統一前の戦国後期には諡法を用いていたのである。であれば秦王が母の太后に帝という諡を付けてもおかしくはない。呂不韋列伝の記事「始皇十九年太后薨謚為帝太后與荘襄王會葬茝陽」の文章は、『秦記』をそのまま引用したように見え、史実に近い。

ちなみに昭王の母の宣太后、孝文王の夫人の華陽夫人、華陽太后、荘襄王の実母で秦王の実祖母の夏夫人、夏太后は諡ではない。母に対しては『周書』の「諡法解」を使いながら、みずからにはその書物を放棄して諡号を廃止した秦王の意向を読み取りたい。

変法と郡県の議論

始皇二十六（前二二一）年に始皇帝の前で繰り広げられた廷尉李斯と丞相王綰らの郡県制採用の議論（序章参照）が、孝公の前での公孫鞅《こうそんおう》と杜摯《とし》、甘龍《かんりゅう》らの変法の議論にどうしても重なって見えてしまう。それは始皇帝と李斯が孝公と公孫鞅のことを意識していたからではないかと思われる。

変法の議論は『商君書』更法《こうほう》第一に詳しく、『史記』商君列伝はそれを要約したものである。公孫鞅は秦の孝公が賢者を求めていることを耳にして寵臣《ちょうしん》の景監《けいかん》を通して孝公に謁見を求めた。帝道、王道、霸道を、日を変えて順番に説くも、孝公は関心を示さなかった。四回目の謁見で、より現実的な強国の術を説くと、身を乗り出して語り合うことになった。しかし、孝公は変法を目指そうとしたが、君主であっても天下の人々に批判されることを恐れ、改革を躊躇《ちゅうちょ》するほど謙虚であった。そこで変法反対派と変法派の公孫鞅にみずからの面前で激論させたのである。孝孔は、強圧的に反対意見の口を封ずることはしなかった。

公孫鞅は、国を強くするには古い法や礼を改める必要があると挑発すると、甘龍は法を変えずに治められると強く反発した。公孫鞅は、夏殷周三代も、春秋五霸も礼法を変えることで王になり、霸者となったと述べた。続いて杜摯が百の利益、十の功績が見えなければ改革を踏み切れないとの慎重意見を述べる。公孫鞅は夏や殷が滅んだのは礼を変えなかったからだと反論する。孝公は公孫鞅の意見に賛同した。

臣下に十分議論させて想いを吐き出させ、最後に君主が判断を下すやり方は、秦統一時に臣下に帝号を議論させた上で秦王自身が皇帝号を発案したときや、丞相王綰と廷尉李斯に封建制と郡県制を議論させて郡県制を採用したときにも継承されている。このことからも『商君書』が帝王の統治術として読まれたことがうかがえる。

時令と巡行

時令による季節に基づいた行動規範を『呂氏春秋』の『十二紀』から学んでいた始皇帝は、『史記』によれば統一後に五回にわたる地方の巡行を実現した。近年の出土簡牘史料ではそれ以外にも行われていることもわかっている。

秦始皇本紀によれば、始皇二十九（前二一八）年、始皇帝は仲春《ちゅうしゅん》の二月に東方の地へ第三回目の巡行に出発した。山東半島の之罘山《しふざん》に登り、二つの石にみずからの顕彰文を刻んだ。その一つの之罘刻石の冒頭に、「維《こ》れ二十九年、時は中春に在り、陽和方《まさ》に起こる。皇帝東游《とうゆう》し、巡りて之罘に登り、臨みて海に照らす」と刻まれた。陽気が陰気を凌ぎはじめる仲春の月に、皇帝（生前は始皇帝とは言わない）は東の海に臨んで祀《まつ》りを行ったという内容である。

岳麓秦簡によれば、始皇二十六（前二二一）年四月の孟夏《もうか》には南方の湘山《しょうざん》を訪れていることが新たにわかった。このことは『史記』には記載されていない。『十二紀』孟夏紀によれば、立夏（夏のはじまり）の日には天子は臣下を率いて南方の郊外で夏を迎える儀式を行うとされている。また、万物が成長する時期であるので、土木工事や大樹を伐採することを禁じている。岳麓秦簡でも、始皇帝みずからが湘山付近の成長した樹木の伐採を禁止するよう命じて、法令化している。時令に準じた積極的な行動である。

巡行時には現地の山岳や海辺に始皇帝を顕彰する刻石を立てた。その文章は李斯が作文したと言われている。李斯は始皇二十八（前二一九）年の巡行に同行し、琅邪台《ろうやだい》刻石に「卿李斯」の名を残し、王賁《おうほん》、王離《おうり》父子の将軍たち、丞相の隗状《かいじょう》、王綰らと海上で皇帝の功徳を金石に刻むことを議論した。李斯は始皇三十七（前二一〇）年、第五回の最後の巡行には左丞

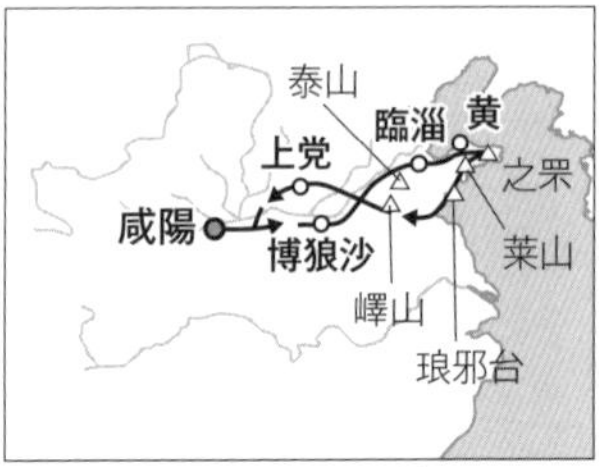

始皇29（前218）年〔第3回〕

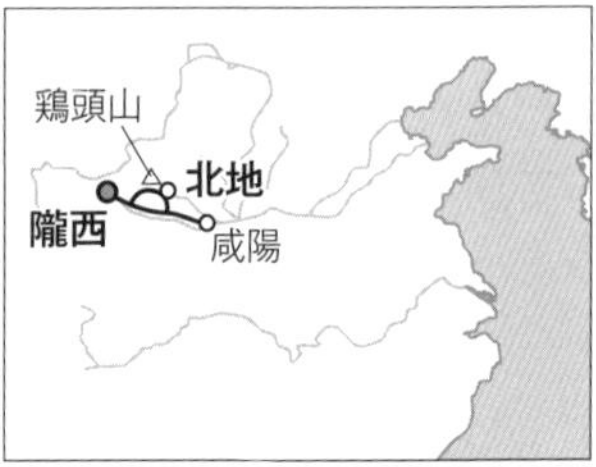

始皇27（前220）年〔第1回〕

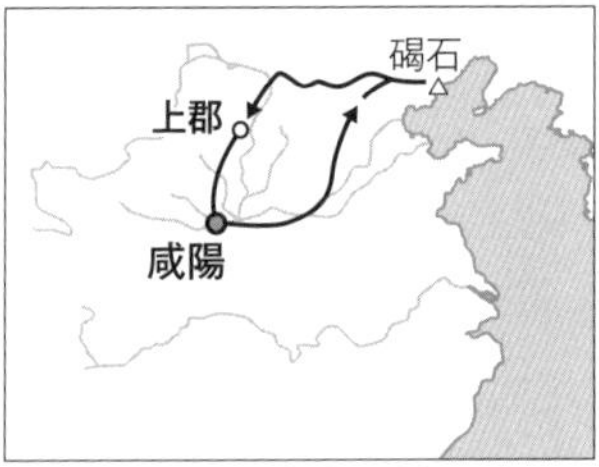

始皇32（前215）年〔第4回〕

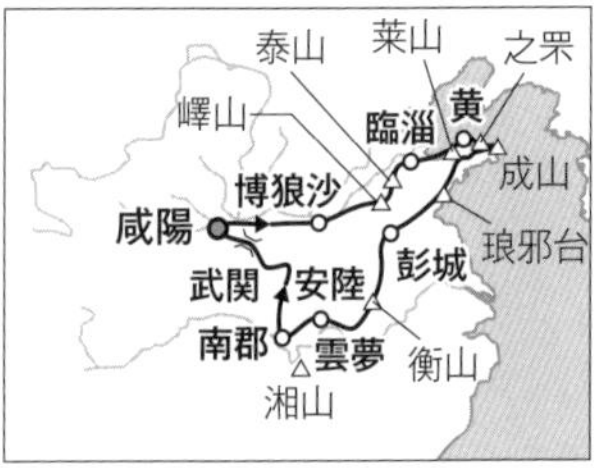

始皇28（前219）年〔第2回〕

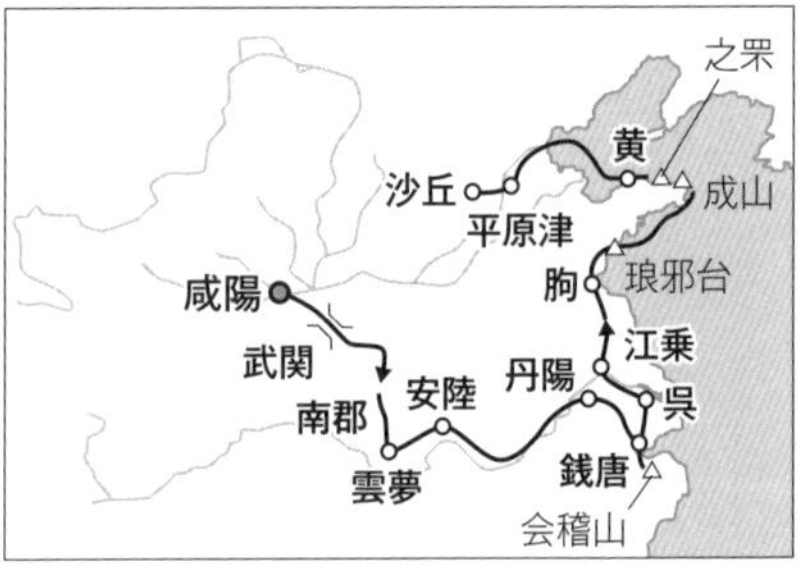

始皇37（前210）年〔第5回〕

5回にわたる始皇帝の巡行経路

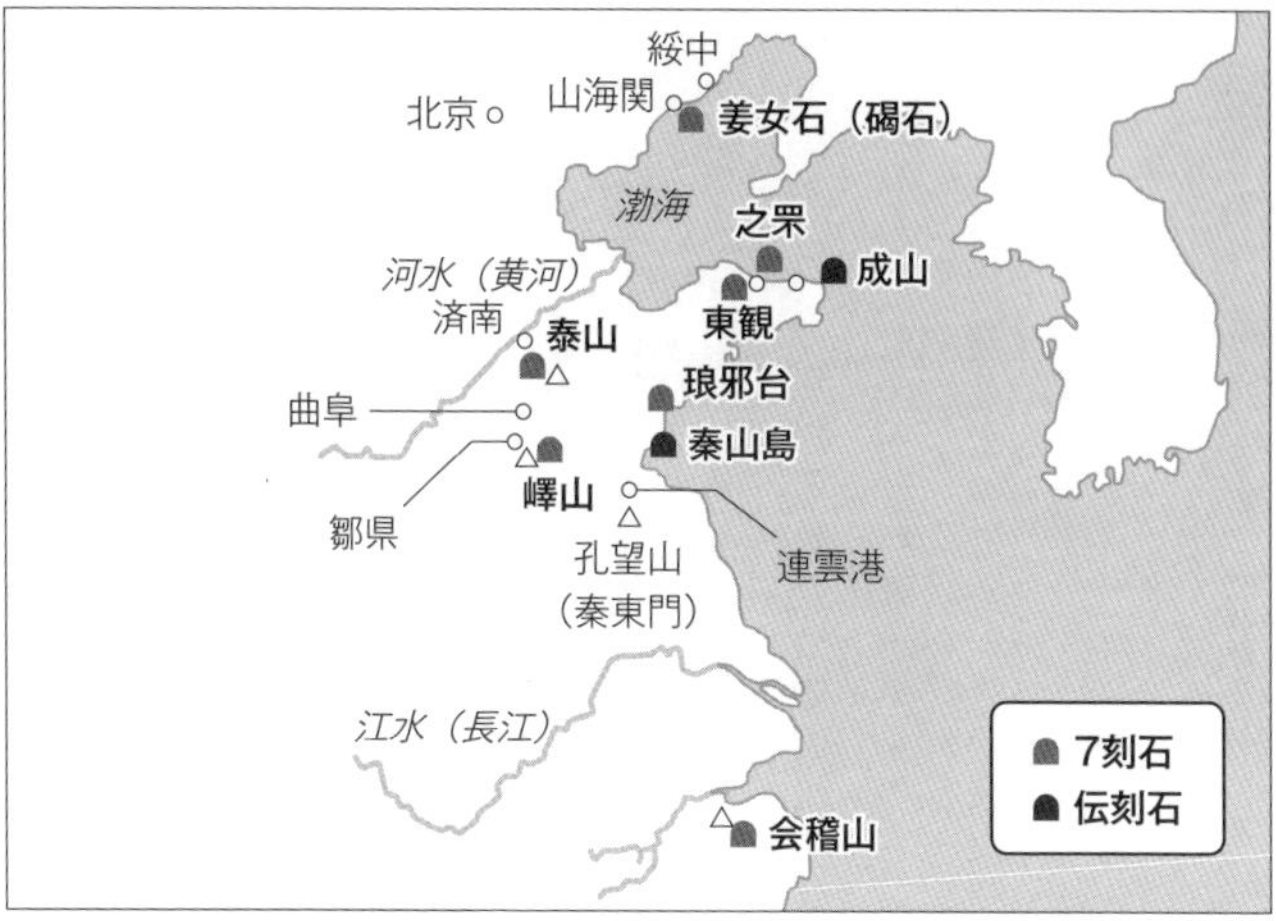

七刻石の分布図

琅邪台刻石（中国国家博物館所蔵）

相として同行している。始皇帝の亡きあとも、左丞相の李斯と右丞相の馮去疾《ふうきょしつ》は御史大夫《ぎょしたいふ》の徳（姓は不明）とともに、二世皇帝の詔書の文章を金石に刻むことを提言した。生前は始皇帝とは書かず、皇帝とのみ記していたので、あらためて「始皇帝」の名を刻み、すでに刻んでいた皇帝の顕彰文が始皇帝の顕彰文であったことを明らかにしたのである。

刻石の文章は直接石に彫ったのではなく、おそらくあらかじめ木牘《もくとく》に顕彰文を記してあったと想像される。始皇帝もまずはその木牘の文章を事前に読んでいたはずである。『漢書』芸文志には『奏事《そうじ》』二〇篇という書物が挙げられ、その内容は「秦の時の大臣の奏事および名山に刻石する文なり」と説明されているから、始皇帝を顕彰した刻石の文は二〇篇、すなわち二〇の竹簡の束のなかに含まれていたと思われる。『史記』には七つの刻石が存在したことが記され、そのうち六つの刻石の文章が残されている。ここでは泰山《たいざん》刻石を例に、残されていた顕彰文の文書の形態を探ってみよう。七刻石の基本形は四字句で一行一二字、一二行ときれいにまとまっていた。竹簡にそのまま落とせば一二枚となるが、束にするには短いので、三枚の四行木牘に記されていたと思われる。

皇帝臨位　作制明法　臣下脩飭

廿有六年　初并**天下**　罔不賓服
親巡**遠黎**　登茲**泰山**　周覽**東極**
從臣思迹　本原**事業**　祗誦**功德**

治道運行　**諸產得宜**　皆有**法式**
大義著明　睡于**後嗣**　**順承**勿革
皇帝躬聽　既平**天下**　不懈於治
夙興夜寐　**建設長利**　專隆**教誨**

訓經宣達　**遠近**畢理　咸承**聖志**
貴賤分明　**男女禮順**　**慎遵職事**
昭隔**內外**　靡不**清淨**　施于**後嗣**
化及**無窮**　**遵奉遺詔**　**永承重戒**

（文字は北宋拓本による。二字の漢語を太字とした）

刻石の文章は自然石の四面、ないしは二面に刻まれた。現存するものは泰山刻石の断片と瑯邪台刻石の一部だけである。漢代にはすべての刻石文を竹簡に書写したものが残されていたのであろう。記録保存のために七刻石全体をまとめた文章は竹簡一五〇枚程度には収まる。『奏事』のなかの竹簡一篇が刻石の記録であったのではないだろうか。

七刻石とは嶧山《えきざん》刻石（立石は始皇二十八年）、泰山刻石（始皇二十八年）、瑯邪台刻石（始皇二十八年）、之罘刻石（始皇二十八年立石、二十九年刻石）、東観《とうかん》刻石（始皇二十九年）、碣石《けっせき》刻石（始皇三十二年）、会稽《かいけい》刻石（始皇三十七年）である。『史記』秦始皇本紀には嶧山刻石の文章は掲載されず、碣石刻石の文章は冒頭の三行を欠落したものになっている。

刻石の基本形は一行一二字、一二行で一四四字、会稽刻石はその倍の二八八字、瑯邪台刻石はもっと長く、顕彰文は八字三六行の二八八字、臣下の名と議論の文章三一行二〇六字となっている。刻石文には二世皇帝の詔書の一一行七八字が加わる。二世皇帝が、顕彰文は父始皇帝のものとわかるように追刻したものである。

碣石刻石の冒頭部分が失われているのは、秦の顕彰刻石は勝者の祈念碑であり、建てられた場所はすべて秦に征服された東方の地であったために、東方の人々がすぐに破壊したことが考えられる。司馬遷は現地で刻石を見て秦始皇本紀に採録したのか、それとも現地で記録された竹簡文書を宮中の文書庫で見たのであろうか。『史記』の収録した刻石文は欠落した状態で伝えているので、木牘の原刻石文がそのまま漢代に残された可能性は少ないと思う。

刻石文の内容

文章は、序文、主文、末文から構成される。七刻石文から四字句を構成する二字の語句を取り出してみると、そこには意外なほどさまざまな思想がうかがえ、それは李斯一人の発想ではなかったと思われる（柯馬丁著、劉倩訳、楊治宜・梅麗校『秦始皇石刻　早期中国的文本與儀式』上海古籍出版社、二〇一五年）。そこには『呂氏春秋』の三部作に近い内容も見える。

家の秩序

始皇帝の治世では、家の秩序がしっかりと治まり、平和になったと刻石で顕彰されている。

「貴賤分明、男女禮順、愼遵職事」　泰山刻石
「男樂其疇、女修其業、事各有序」　碣石刻石

〈男女〈夫婦〉は礼を守り、男は農業、女は生業に勤しんでいる〉

「六親相保、終無寇賊」　琅邪台刻石

〈六親〈父子・兄弟・夫婦〉がなかむつまじく、争いごとはない〉

「壹家天下、兵不復起」　嶧山刻石

〈天下を一家としたことで、戦争はもう起きることはない〉

「壹家天下」について、血縁のない天下の人々が一家となるというような表現は、ほかではあまり見られない言い方である。天下の民が一家族のように意識すれば、戦争など起こらないと解釈しても意味は通ずる。皇帝が天下（海内《かいだい》）を一つにし、郡県で治めれば天下は平和になる（「今皇帝并一海内、以為郡縣、天下和平」）と琅邪台刻石の文にはあるが、これと同じ意味合いであろうか。

普天の下

琅邪台刻石の文にある「普天之下、摶心揖志〈普天の下、心を摶《もっぱらに》し志を揖《あつ》む〈あまねき天の下では、心も志も一つになる〉〉」は、『詩経』小雅《しょうが》の谷風之什《こくふうのじゅう》、北山《ほくさん》という詩にある「溥天之下、莫非王土、率土之濱、莫非王臣〈溥天之下《ふてんのもと》、王土に非ざるは莫く、率土之濱《そつどのひん》〈行き着く地の果てまで〉、王臣に非ざるは莫《な》し〉」という一節をふまえたことばである。続く「器械一量、同書文字」も、本来の意味は、始皇帝による度量衡《どりょうこう》、文字の統一の意味ではなく、周に封建された国々の諸侯が、周室との車馬の往来において車馬の幅も金文の文字も共有すべきだということを言っている。「日月所照、舟輿所載（日月の照らす所、舟や車で行ける所）」も、『墨子』尚賢《しょうけん》下などに見えることばである。古典のことばを引用して、始皇帝の天下の広さを示すものとした。

泰山刻石には「初并天下、罔不賓服」という文があるが、「天下を并《あわ》す」ことは過去にはなかったことである。琅邪台刻石ではさらに、「皇帝之明、臨察四方」「皇帝之德、存定四極」と書いており、始皇帝の威光が四方に及んでいることを述べている。そして、「六合之內、皇帝之土、西涉流沙、南盡北戶、東有東海、北過大夏、人迹所至、無不臣者」の部分では、東西南北で人がいる範囲ならどこにも臣下でない者はいないと述べており、先に挙げたように、『詩経』の「率土之濱、莫非王臣」をふまえて同じ形式にすることで、それまでの王臣を皇帝の臣と読み替えさせる意図がうかがえる。

また、「今皇帝并一海內、以為郡縣、天下和平」（琅邪台刻石）という文では、封建制に代わる郡県制で治めていく考えを主張し、天下を四方が海に囲まれた世界として「海内」と表現している。さらに、「宇縣之中、承順聖意」（之罘刻石）、「皇帝明德、經理宇內」（東観刻石）に見られる「宇縣」「宇內」ということばは、天が地上をおおう世界を意識したものである。漢語の宇宙（天下の空間の宇と古今の時間の宙が合体したことば）にも通じ、鄒衍《すうえん》の広大な天下観が反映されている。

義戦

刻石では、秦が東方六国と正義の戦争を行ったのだと主張することばが多い。それは『呂氏春秋』の『十二紀』に見える戦争論ではあるが、戦争終結後の作文であるだけに、過去の戦争を露骨に正当化し、より東方六国の王の暴政ぶりを強調したものになっている。勝利者秦の一方的な勝利宣言であり、敗者の旧六国の人々の心情を損なうものであった。そのために碣石刻石のように前半部分が欠落しているものなどは、東方人によって破壊されたものと考えられる。

「烹滅彊暴、振救黔首」　之罘刻石

（強暴な敵を煮殺し、黔首《けんしゅ》〈黒い頭で人民の意〉を救い出す）

「六王専倍、貪戾慠猛」　会稽刻石

（六国の王は理に背き、欲深く傲慢である）

「六國回辟、貪戾無厭、虐殺不已」　之罘刻石

（六国の王は邪悪であり、欲深さは厭くことなく、虐殺もやまない）

「禽滅六王、闡并天下」　東観刻石

（六国の王を家畜のように殺し、天下を併せた）

「遂興師旅、誅戮無道」　碣石刻石

（ついに軍隊を動員し無道の王を懲らしめて殺戮《さつりく》した）

刻石の文では複数で六国の王を殺したと書いているが、実際には六国の王を殺すことはせ

ずに追放するにとどまっている。

鄒衍『五徳終始』の書

『史記』封禅書によれば、戦国斉《せい》の威王、宣王のときに騶子《すうし》（鄒衍）が「終始五徳《しゅうしごとく》の運」を著し、斉人はこの書物を始皇帝に奏上し、始皇帝もそれを採用したという。採用とは政策に取り入れたことを意味する。その書物の名称は『五徳終始』とか『終始』『大聖』『主運《しゅうん》』というものであったと言われる。斉人が始皇帝に直接出会う機会は、始皇二十八（前二一九）年の第二回巡行で旧斉の地を訪れたときだと思われるが、本紀には始皇二十六（前二二一）年の記事にすでに見える。

始皇帝は征服した東方由来の思想を抵抗なく受容し、二つの壮大な時空観を得たことには注目しなければならない。一つは五行《ごぎょう》（木火土金水）の変化という考え方（木から火、土、金、水が生まれるという五行相生説《そうしょうせつ》と、水は火に、土は水に、木は金に、金は火に勝つという五行相克説《そうこくせつ》がある）で、これによって周秦革命《しゅうしんかくめい》（周の火徳に秦の水徳が勝つ）を正統化した。もう一つは禹貢《うこう》の九州説よりも壮大な大九州説《だいきゅうしゅう》、すなわち赤県神州《せきけんしんしゅう》と呼ばれる中国は天下世界の八一分の一にすぎず、天下には赤県神州のようなものが中国の外にも九つもあるという世界観を得て、中国をめぐる小さな海と、さらに大九州をめぐる大きな海があることを認識した（『史記』巻七四孟子荀卿列伝）。終始五徳というのは、五徳（五行）が循環して始めに戻ることを言う。

秦は水徳を王朝の徳として採用し、水徳の冬十月を一年の初めとし、王朝の衣服、旗も水徳の色の黒とした。水徳の数字の六に合わせて割り符や冠は六寸、輿《よ》は六尺、馬は六馬とした。河水（黄河）を徳水と改名したのも水徳から来ているとする。小さな中国という天下には三六郡（六の自乗）を置き、人民を黔首（黒い頭）と言うようにした。天下の兵器を回収して溶かし、金人一二体を作ったことや、都咸陽《かんよう》に天下の富豪など一二万戸を移住させたことも、六の倍数の数字にこだわったからだと言われている。現実的な数よりも、理念として水徳を採用したことは間違いない。

『漢書』芸文志には陰陽《いんよう》二一家のなかに、『鄒子』四九篇、『鄒子終始』五六篇が見える。漢代には鄒衍の書が伝わっていたことがわかる。鄒衍は宣王の文学遊説の士の一人で、斉の都臨淄《りんし》城の西門の稷門《しょくもん》に集まった千人もの学士の一人であった。かれは斉だけでなく魏に行けば惠王《けいおう》が賓主《ひんしゅ》の礼で迎え、趙《ちょう》の平原君も一歩下がって席を払い、燕《えん》の昭王もわざわざ碣石宮を作って師事したという。始皇帝も統一後に臨淄や碣石《けっせき》宮を訪れた。第四回巡行（始皇三十二〈前二一五〉年）では碣石宮を訪れ、みずから壮大な離宮を築いている。そこで燕の方《ほう》士《し》の盧生《ろせい》から『録図書《ろくとしょ》』を奏上された。

統一後の始皇帝の行動には、鄒衍の書物の思想が反映しているように思われる。始皇帝は禹貢が唱えた中国の九州の小天下を越え、大九州に向かっていこうとしていたようである。西は流沙《りゅうさ》（沙漠）、南は北戸、東は東海、北は大夏、天下を海内（海に囲まれた世界）とも言い換えた（琅邪刻石）。「海内を平定し、蛮夷《ばんい》を放逐」（始皇三十三年、僕射周青臣《ぼくやしゅうせいしん》のことば）したと言われる、北は匈奴《きょうど》、南は百越《ひゃくえつ》との戦争は、小天下から大天下に拡張しようとする動きであった。新たに獲得した「蛮夷」の地に、北には長城を、南には砦《とりで》を作り、東にも東門を海辺に築き、東海への拡大を図った。

『蒼頡』の字書

『漢書』芸文志には丞相李斯の編纂した『蒼頡《そうけつ》』（『説文解字《せつもんかいじ》』では『蒼頡篇』と篇が付くが、単独では『蒼頡』）一篇の書名が挙げられ、全七章あったという。蒼頡とは黄帝《こうてい》の臣で鳥獣の足跡を見て文字を作ったという伝説の人物である。この書と同時に車府令《しゃふれい》の趙高《ちょうこう》が『爰歴《えんれき》』六章、太史令胡母敬《こぼけい》が『博学』七章を作ったという。漢代になって閭里《りょり》（村）の書の師がこれら三篇を『蒼頡篇』一書に合本したという。六〇字で一章、全体で五五章であったというから三篇の総字数は三三〇〇字となる。漢代の合本『蒼頡篇』は簡牘で発見されている。簡牘の『蒼頡篇』は四字句で押韻《おういん》しており、官吏が声を出して文字を暗誦《あんしょう》するテキストであった。

しかし、漢代の『蒼頡篇』のもとになった秦の時代の『蒼頡』『爰歴』『博学』三篇の実物はまだ発見されていない。李斯は統一後の始皇三十四（前二一三）年の焚書令のときには丞相になっているので、統一時の廷尉李斯ではなく、統一後に丞相李斯として行政一般のことばの字書を編纂したのである。趙高は始皇三十七（前二一〇）年、始皇帝最後の巡行では中車府令として随行した。始皇帝の末子の胡亥《こがい》に書と獄律令法《ごくりつれいほう》を教えたというので、趙高の『爰歴』の中身は、皇帝の車馬を掌《つかさど》る車府令の職務とは関係なく、趙高が得意とした律令関係のことばを並べた字書であったかもしれない。太史令胡母敬の存在はほかに史料がないが、官職から見れば、『博学』とは太史にかかわることばの字書であったのだろう。太史とは太《たい》卜《ぼく》（祭祀の占卜）、太祝《たいしゅく》（祭祀の祝詞）と並ぶ皇帝側近の記録官である。

始皇帝はもちろん十三歳で秦王に即位する前から読み書きを学んでいたはずである。孔子は「吾十有五にして学に志す」（『論語』為政第二）と言ったが、張家山《ちょうかざん》漢簡の漢代の史律によれば、史、卜、祝官の子は十七歳で学び始め、五〇〇〇字以上の文字を暗記していなければならなかった。秦代の文字数は漢代より少なく、『蒼頡篇』の合計は三三〇〇字ほどであった。そのころはまだ『蒼頡』ほか三篇は編纂されていなかったので、『史籀《しちゅう》』一五篇を学んでいたはずである。周の宣王の太史であった籀が作った大篆《だいてん》についての字書で、『史篇』とも呼ばれた。漢代の史律によれば、八体《はったい》の文字が史となる試験に出題されたという。八体とは後漢の『説文解字』では大篆・小篆・刻符《こくふ》・蟲書《ちゅうしょ》・摹印《ぼいん》・署書《しょしょ》・殳書《しゅしょ》・隷書《れいしょ》を挙げる。

始皇帝の時代の文字資料の実例では、書写の材料によって文字が異なる。相邦呂不韋の青銅器武器の銘文や青銅の戦国半両銭の「半両」の文字は大篆、始皇帝刻石は小篆、青銅虎符《こふ》は刻符、粘土の封泥《ふうでい》は摹印、竹簡は隷書となる。秦の竹簡文書は漢代の隷書より篆書に近いので篆隷《てんれい》と言われる。

吏道の書

睡虎地秦簡の『為吏之道《いりのみち》（吏為《りた》るの道）』と、岳麓秦簡の『為吏治官及黔首（吏為りて官及び黔首を治む）』という二つの出土竹簡は、秦の官吏が学ぶ教科書であり、霸道、王道ということばに倣って吏道とも言うべき官吏の道を説いたものであった。吏道ということばは、古くは『史記』平準書《へいじゅんしょ》に見えるが、二つの簡牘の発見によって、これよりも早い始皇帝の時代にも「為吏の道」を略した吏道ということばがあったことがわかった。現在の辞書にも吏道ということばが載せられているが、官吏は清廉潔白であるべきだという意識が、いまから二二〇〇年も前の始皇帝の時代にはすでに存在していたことがわかり、ある意味驚きである。官吏の不正が横行していたからこそ、吏道が求められていたのであろう。

『為吏之道』は五一枚の竹簡で、竹簡は五段に分けられ、右から左に五一枚の竹簡の同じ欄を読んでいく。基本的に四字句のことばが並ぶ。冒頭の文章が「凡為吏之道」で始まる。以下、『為吏治官及黔首』とあわせて見ていこう。

官吏の人間関係については「慈下勿陵、敬上勿犯（下を慈しみ陵《しの》ぐ勿《なか》れ、上を敬い犯す勿れ）」とされ、部下を慈しんで強圧的にならず、上司を敬って地位を犯してはならないと言っている。一方では「択人與交、択言出之（人を択《えら》びて與《とも》に交わり、ことばを択びてこれを出す）」と言っており、人物を選んで交際し、ことばは選んで摩擦のないようにする交際術も教えてくれる。「敬長慈少（長きを敬い少きを慈しむ）」とも言っているので、年長者だけではなく年少者への目配りも忘れてはいない。「聴諫勿塞（諫《いさ》むるを聴き、塞《ふさ》ぐ勿れ）」からは、まずは他者の意見を謙虚に聞く姿勢が求められたことがわかる。「言毋作色（言は色を作《な》す勿れ」は、ことばは飾るなということである。ことばは災いのもとになるので、誠実なことばが求められる。『論語』学而第一の「巧言令色、鮮《すくな》きかな仁（ことばが巧みで顔色を飾る人には仁が少ない）」に通じる。「択言出之、醜言出悪（言を択《えら》びてこれを出し、醜言は悪を出す）」とも言っており、ことばは選んで使うべきで、きたないことばでは悪い心が相手に伝わるのだとあらためて配慮の大切さを述べている。「毋信讒言、苦言薬也、甘言毒也（讒言《ざんげん》を信ずる勿れ、苦言は薬なり、甘言は毒なり）」という箇所では、人をおとしめるようなことばは避け、人からの苦言、甘言には気をつけるべきだと忠告している。「毋誹謗人（人を誹謗《ひぼう》する勿れ）」も同じである。

また、官吏は業務上、民衆の力に配慮しなければならない。民の心や力を知ることが求められる。「審智民能、善度民力（民の能を審《つまび》らかに知り、民の力を善く度《はか》れ）」とあり、民の能力を熟知し、民の力量を計り、民を疲弊させるような徴税や徭役《ようえき》は避けなければならないと教えている。「地脩城固、民心乃寧（地脩《おさ》まり城固ければ、民心乃《すなわ》ち寧《やす》らかなり）」は、土地と住まいがしっかりしていれば民の心は安まると根本的な原理を示す。「除害興利、慈愛萬姓（害を除き利を興《おこ》し、万姓を慈愛す）」ともあり、災害を防いで利益をもたらし、すべての民を慈愛することが求められた。

官吏には実務能力が求められる。「審耳目口、十耳当一目（耳目口を審らかにし、十の耳は一目に当たる）」と心構えを説き、耳や目や口を働かせ、十回聴取するよりも一回の現場調査が大切だとする。「審悉毋私、微密繊察（審らかに悉《つく》して私する勿れ、微に密に繊察《せんさつ》せよ）」と、私心なく調査して緻密に観察することを求めている。「封畔不正（畔《あぜ》を封ずるに正しくせず）」では、農地のあぜ道の不正は許されないと警告する。官吏の蓄財は不正の温床となる。「臨財見利、不取苟富（財に臨みて利を見、苟《いやしく》も富を取らず）」と、財物や利益を見て私腹を肥やしてはならないと注意を加えている。「富不施、貧毋告也（富みても施さず、貧しくても告げられず）」とあるのは、富んでも人に施さなければ、貧しいときに助けてもらえないということを言っている。

さらに、官吏の誇りや名誉にまで言及している。「長不行、死毋名（長じて行わざれば、死して名勿《な》し）」と、年長者になっても行いが悪いと死んでから名声が残らないことを教えている。「中不方、名不章（中、方《ただ》しからざれば、名は章《あき》らかならず）」とも言っており、心の内が不正であれば名声は残らないとしている。こうした吏道がどこまで浸透したかは、現実の政治の問題である。ただ、吏道の精神が、法治という法の厳格な支配ではなく、民の生活を重視した徳治に近い考え方であったことには注目してよいだろう。

楚の上蔡県《じょうさいけん》の出身の李斯は、年少のときは楚の郡の小吏《しょうり》であった。吏道を実践した上で荀《じゅん》子《し》の帝道を学んだことになる。底辺の地方官吏が吏道を遵守《じゅんしゅ》しなければ、帝道も成り立たないことを李斯は知っていたはずである。小吏の経験からきたことばの集成が吏道の書であり、李斯が直接作文したわけではなくとも、吏道の書の作成には李斯がかかわっていたと考えてもよいのではないだろうか。当然、始皇帝の目も通っていた書であったことだろう。

文書のなかのことばに「為人君則恵、為人臣則忠、為人父則慈、為人子則孝（人君為れば則ち恵、人臣為れば則ち忠、人父為れば則ち慈、人子為れば則ち孝）」、「君鬼（恵）臣忠父慈子孝、政之本殹（君は鬼、臣は忠、父は慈、子は孝なるは、政の本なり）」というものがあり、これは孔子のことばに重なる。孔子は、政事について尋ねた斉の景公に向かって、「君君臣臣父父子子（君は君たり、臣は臣たり、父は父たり、子は子たり）」と答えている（『論語』顔淵第十二）。官吏の五善（忠信・清廉・善行・謙譲・天当〈天の恵み〉）、五失、五過、五則、六殆《ろくたい》（殆は危ういこと）といった箇条書きの誡《いまし》めは、『論語』の三戒、三疾、四悪、五美、六言とよく似た言い方である。

始皇帝と『論語』

春秋時代末期の孔子（前五五一頃〜前四七九）の言行録を集めた『論語』二〇篇は儒教の五経と並ぶ四書の一つであり、儒教の古典として長らく読まれてきた書物である。孔子亡きあと、門人が集まって議論しながらまとめたので『論語』と名付けられたという（『漢書』芸文志）。

漢代には斉の『論語』二二篇と魯《ろ》の『論語』二〇篇が伝わっており、後者が現在の『論語』のテキストにつながっている。そのほかに、前漢の魯の恭《きょう》王劉餘《りゅうよ》（景帝の子で十三王の一人、呉楚七国の乱のあとに淮南《わいなん》王から魯王に転封《てんぷう》。在位前一五四〜前一二九）が宮殿を拡張しようとしたときに孔子の旧宅を壊そうとしたが、鐘磬琴瑟《しょうけいきんしつ》の音が聞こえてきたので壊さず、壁のなかから古文の経伝を得たという（『漢書』巻五三景十三王伝）。そのなかに『論語』も含まれており、科斗《かと》文字（蝌蚪《かと》〈おたまじゃくし〉のように、頭が太く、尾が細い文字、漢代の太い隷書《れいしょ》とは異なる）で書かれていたとされる（『尚書』序）。これが漢代に伝わっていた『論語』古文二一篇である。始皇帝の焚書令《ふんしょれい》（前二一三年）を避けるために壁のなかに隠した『論語』であった。

始皇帝の時代、孔子の直系の子孫には、陳勝《ちんしょう》・呉広《ごこう》の乱（前二〇九年）の陳王に招聘《しょうへい》され

前漢時代の孔子と顔回の画像　前漢海昏侯劉賀墓出土「孔子鏡屏」 王楚寧氏による復元（「江西南昌西漢海昏侯劉賀墓出土“孔子鏡屏”復原研究」『文物』2022年第３期）

た孔鮒《こうふ》という人物がいる（『史記』巻四七孔子世家《こうしせいか》）。孔鮒は魯を離れ、陳勝政権の陳に赴き、最後はその陳で亡くなった。孔鮒が簡牘の経伝を魯の邸宅の壁に塗り込めたのかもしれない。

始皇帝は始皇二十八（前二一九）年、第二回の巡行で泰山での封禅《ほうぜん》（天地の祭祀）の前に、魯の儒生たちと封禅や山川望祭《さんせんぼうさい》のことを議論している。始皇帝自身が『論語』を見ていたとすれば、戦国時代の魯の文字で書かれていたものであろう。秦の八体の文字で言えば、大篆（古文）で書かれたものだと思われる。

現在まで漢代の『論語』の簡牘はいくつか出土しているが、すべてが漢代の隷書で書かれたものである。河北《かほく》省定州《ていしゅう》前漢《ぜんかん》宣帝《せんてい》五鳳《ごほう》三（前五五）年簡『論語』六二〇枚（中山《ちゅうざん》懐王《かいおう》劉修《りゅうしゅう》墓《ぼ》出土、諸侯王の愛読書か）、海昏侯《かいこんこう》劉賀《りゅうが》（前九二～前五九）墓出土竹簡『論語』雍也《ようや》篇などが有

子路　顔回　孔子　項橐《こうたく》（7歳で孔子の師）　老子

後漢山東画像石に見える孔子と老子（『山東漢画像石』河南美術出版社、2000年）

名で、長方形の銅鏡を収めている漆屏風《しつびょうぶ》には孔子と弟子の聖賢像が文字とともに描かれていた。劉賀がなぜ墓室にまで『論語』を持ち込んだのかはわからないが、劉賀は武帝の孫であり、昭帝の死後、昌邑王《しょうゆう》から皇帝に呼ばれた人物であった。わずか二七日で退位させられ、その後宣帝のときに海昏侯に封じられ、三十三歳で亡くなった。

　戦国時代の『論語』と思われる一三枚の竹簡（無題、長さ四三センチメートル、幅〇・六センチメートル）を安徽《あんき》大学が所蔵している。これには現在の論語とも重なる部分がある。「仲尼《ちゅうじ》曰く」とあり、原本とは異なり孔子の字《あざな》で呼び、その言論が全部で二五条引用され、最後に「仲尼之論語也」と記されているという。漢代の論語という書名の由来であると指摘されている。前漢代は諸侯王から地方官吏まで『論語』を愛読していたが、始皇帝自身も東方の文字で書かれていた戦国時代の孔子の言論集を読んでいたことが考えられる。

『楚辞』

始皇帝は始皇二十八（前二一九）年、第二回巡行で湘山祠《しょうざんし》を訪れた。しかし、大風が吹き、洞庭湖《どうていこ》を渡ることができなかった。随行した博士は湘君祠とは堯《ぎょう》の女（娘）で舜《しゅん》の妻であった女性が埋葬された場所だと言い、その女性が大風を吹かせたのだと話した。『楚辞《そじ》』九歌には湘君、湘夫人の二つの歌がある。ただ、秦の博士は『楚辞』の九歌のことは知らずに、始皇帝に湘山祠の由来を説明したのである。始皇帝と湘君との接点はここに見出せるが、始皇帝が『楚辞』を読んでいたわけではない。

『楚辞』とは楚の地方に伝わっていた詩の総称であり、『漢書』芸文志には『楚辞』はなく、屈原《くつげん》（前三四〇～前二七八）自身の屈原賦《ふ》二五篇のほかに、唐勒《とうろく》（楚人）賦四篇、宋玉（楚人）賦一六篇の書名が伝えられているから、漢代には九歌は屈原賦に収められていた。秦の博士はまだそのような楚の詩集を見たわけではなかったので、湘山祠の由来を現地で知って答えたのであろう。

始皇帝は始皇三十七（前二一〇）年の最後となる第五回目の巡行でも雲夢《うんぼう》を訪れ、九疑山《きゅうぎさん》

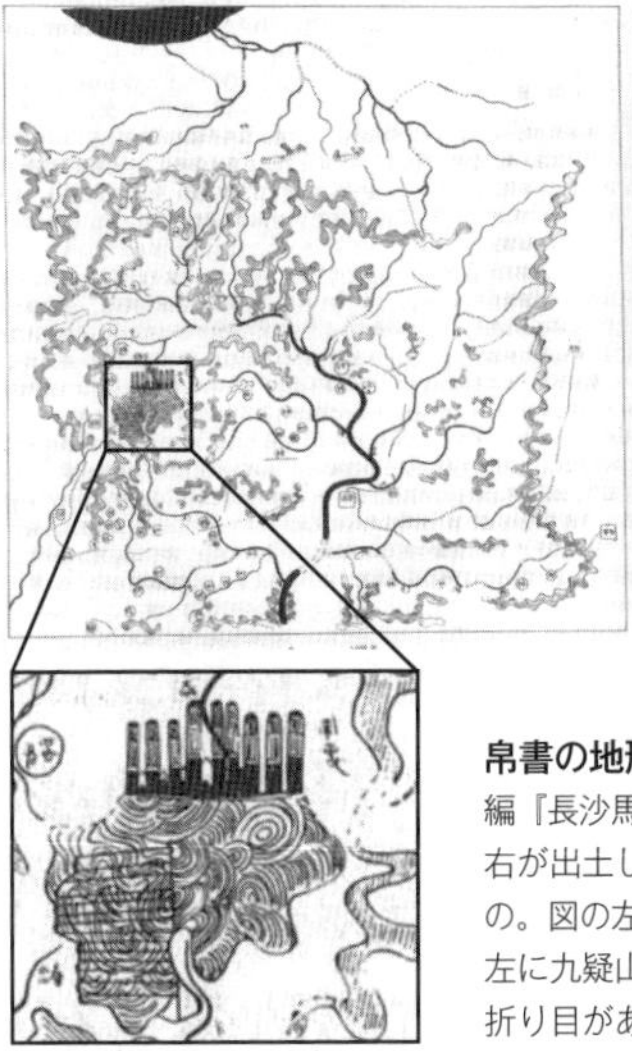

九つの嶺が連なる九疑山

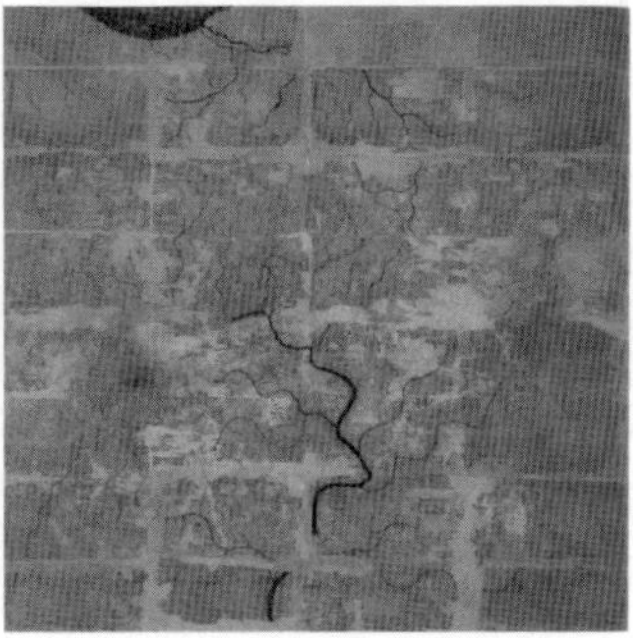

帛書の地形図（湖南省博物館・湖南省文物考古研究所編『長沙馬王堆二、三号漢墓』文物出版社、2004年）
右が出土した実物で、左は帛書の図像を写し取ったもの。図の左上に南海（広州湾）が描かれ、中央に湘水、左に九疑山が見える。
折り目があり、小さく折りたたんで携行したものと考えられる。

に葬られている虞舜《ぐしゅん》を望祀《ぼうし》した。零陵郡営浦県《れいりょうぐんえいほ》にある現地には行けず、遠方から遙拝《ようはい》したのである。長沙馬王堆前漢墓《ちょうさまおうたいぜんかんぼ》から出土した地図には、九つの嶺の山岳と廟が描かれている。漢代には南越国との国境に近い辺地である。始皇帝の時代にはまだ越人の地であり、秦の領地ではなかった。始皇帝は長江南の越人の地を何とか治めたかった。そのこともあって舜への想いは強かった。

屈原が汨羅《べきら》に身を投げたのは前二七八年で、ちょうど秦の白起《はくき》が楚の都郢《えい》を攻撃し、南郡を置いた重要な年である。始皇帝はまだ生まれておらず、曾祖父昭王の二十九年のことである。屈原は本名を屈平と言い、秦の昭王には徹底して反発していた。

舜の妃が始皇帝を拒否する理由はない。嵐を起こすほどの秦への反発は、むしろ屈原によるものであっただろう。屈原が悲憤《ひふん》して自害した汨羅は、湘水に注ぐ汨水《べきすい》の沿岸で、昔羅子《らし》国があった場所である。屈原は、小さな淵《ふち》（湖）に石を懐《いだ》いて投身自殺した。いま、この汨羅周辺からは、始皇帝と同時代の簡牘が数多く出土し、司馬遷の『史記』の記事も批判的に読まなければならなくなっている。

第四章

晩年の書

方士・医学・老荘の書

焚書令に甦った韓非の書

詩書《ししょ》（詩経《しきょう》と尚書《しょうしょ》）と諸子百家の書物を禁書にした焚書令《ふんしょれい》は、「始皇帝の愛読書」をテーマとしている本書ともかかわる重要な問題を含んでいる。関係史料を整理して分析してみたい。

これまで詩書や諸子百家の書物に関心を示してきた始皇帝が、なぜ李斯《りし》の提案にすぐになびいて焚書令を制可《せいか》したのか。また、李斯もなぜ急に、その場の勢いで詩書を焚書するという方針の提案をしたのか。その背景には、始皇帝が愛読し、李斯も同学として影響を受けた韓非《かんぴ》の書の存在があった。始皇十四（前二三三）年に韓非が毒殺されてから二〇年も経過して、ふたたび韓非の書が秦で甦《よみがえ》ってきたのは時代の要請であったと思う。と言うのも、韓非は弁舌で君主を惑わす学者たちについて注意を喚起しており、李斯が推進した新たな戦争の時代にも、内部から批判する勢力として学者たちが登場してきていたからである。李斯は韓非の書を思い起こし、読み直したに違いない。

始皇三十四（前二一三）年の秦始皇本紀《しんしこうほんぎ》の記事において、司馬遷《しばせん》は焚書令の発令の経過に関する原史料を挙げている。この年、始皇帝が咸陽宮《かんようきゅう》で宴会を開いたのは、匈奴《きょうど》と百越《ひゃくえつ》との戦争が一応勝利に終わったからである。七〇人もの博士たちが始皇帝の面前で長寿の辞を述べた（始皇置酒咸陽宮博士七十人前為壽）。このとき、博士ではなく、まず皇帝を支える官吏である僕射《ぼくや》の周青臣《しゅうせいしん》が陛下の威徳を賛美した。

僕射周青臣進頌曰

「**他時秦地**」「不過**千里**」賴**陛下**「**神靈**明聖」「**平定海内**」「**放逐蠻夷**」「**日月**所照」「莫不**賓服**」以**諸侯**為郡縣人人自**安樂**無「**戰爭**之患」「傳之**萬世**」自「**上古**不及」「**陛下威德**」

「他時」からの発言内容部分を見ると、わずか六〇字の文章であり、木牘《もくとく》一枚に収まる内容である。二音節のことばが多く、それを取り出しただけで意味はわかる。七〇人の前で読み上げたのであろう。始皇帝はこれを聞いて喜んだ（始皇悦）。

ここまではよかったが、祝いの席の雰囲気をがらりと変えたのは、博士である斉《せい》人の淳于《じゅんう》越《えつ》の発言であった。

博士齊人淳于越進曰

臣聞「**殷周**之王」〈千餘歳〉封「**子弟功臣**」「自為**枝輔**」〈今**陛下**〉〈有**海内**〉而子**弟**〈為**匹夫**〉「卒有**田常**」「**六卿**之臣」〈無**輔拂**〉「何以相救」哉「事不師古」而「**能長久者**」「非所聞也」〈今青臣〉〈又面諛〉以重「**陛下**之過」〈非忠臣〉

周青臣のように陛下にへつらい、陛下の過失をたび重ねさせてしまうのは忠臣ではないと淳于越は言う。陛下を支えるべき人材を得るには古《いにしえ》の殷周《いんしゅう》の王に学び、陛下の子弟や功臣を支えとすべきだと続ける。また、斉の田常《でんじょう》のように国君を支える人材が秦にはいないと淳于越は言っているが、田常の子孫の田氏は、のちに斉の国君に代わって政権を奪ってしまったという経緯がある。予想もしなかった発言に、始皇帝は殷周時代の制度に学ぶべきかと臣下に議論を命じた。

それに対する丞相《じょうしょう》李斯の見解は、一尺二寸の公文書の形式で考えると五行制限の木牘であれば一三行で三枚、竹簡では一三枚となる。祝いの席上での淳于越の発言で思わぬ事態になり、李斯も動揺したことだろう。淳于越の古を師とする立場を論破しようとした李斯の文章は、状況から見ても短い時間でまとめられたようである。そのために冷静さを欠いたことばが散見され、李斯らしくない印象をもつ。

丞相李斯曰

五帝〈不相復〉**三代**〈不**相襲**〉〈各以治〉「非其**相反**」「時**變異**也」〈今**陛下**〉〈創**大業**〉建「**萬世**之功」固非「**愚儒**所知」〈且越言〉乃「**三代**之事」「何足法也」**異時**「**諸侯並爭**」「**厚招游學**」今「**天下**已定」「**法令**出一」「**百姓**當家」「則**力農工**」「士則學習」「**法令辟禁**」〈今諸生〉〈不師今〉〈而學古〉「以非**當世**」「**惑亂黔首**」

（丞相李斯が言う。「五帝〈黄帝《こうてい》・顓頊《せんぎょく》・帝嚳《ていこく》・帝堯《ていぎょう》・帝舜《ていしゅん》〉の治世は繰り返すものではなく、三代〈夏・殷・周〉においても前の時代を踏襲していたのではありません。それぞれの時代のやり方で治めたのであって、逆戻りしないのは、時代が変化しているからです。いま陛下は、はじめて大きな偉業を実現し、万世に残る功績を立てられましたが、その偉大さは愚かな儒者などにはわからないことです。また、〈淳于〉越が三代のことを言っていますが、手本にする価値もありません。昔、諸侯がお互いに競っていたときには、遊学の徒を厚遇して招いたこともありますが、いまは天下がすでに平定され、法令も一本化されています。百姓〈人民〉は家では農工に励み、官吏〈士〉は法令や罰則を学んでいます。諸生は相変わらずいまを手本とせずに古のことばかりを学び、当世のことを誹謗《ひぼう》しては黔首〈人民〉の心を惑わしています。」）

李斯の文章は秦始皇本紀に全文掲載されているが、李斯列伝ではここに挙げた前半部分が削除されている。「愚儒の知る所に非ず」とは、「愚かな儒者の知ったことか」と博士を愚弄《ぐろう》することばである。さらに、「当世を非《そし》り、黔首《けんしゅ》を惑乱するのか」と、激高する感情がことばに現れている。

それに続く部分が、「臣斯昧死《まいし》して言う（臣〈李〉斯は死罪を恐れずに申し上げる）」と公式文の体裁で始まる焚書の提案に向かう箇所である。ここでも博士たちへの非難はやまない。

「丞相臣斯」〈**昧死**言〉古者「**天下散亂**」「莫之能一」是以「**諸侯並作**」「語皆**道古**」〈以**害今**〉〈飾**虚言**〉〈以**亂實**〉人善「其所**私學**」以非上之所**建立**〈今**皇帝**〉「并有**天下**」〈別**黑白**〉而〈定**一尊**〉**私學**而相與〈非**法教**〉「人聞令下」則「各以其學」議之「入則心非」「出則**巷議**」**夸主**〈以為名〉**異取**〈以為高〉〈率羣下〉〈以**造謗**〉「如此弗禁」則**主勢**〈降乎上〉**黨與**〈成乎下〉〈禁之便〉

（昔は天下が分裂して一つにまとまらず、諸侯が乱立していました。かれらは皆、古をよく言い、今を批判し、虚言を飾り、真実を乱したのです。人々は私《ひそ》かに学んだことをよいと考え、上の者の作り上げたものを誹《そし》りました。ところがいまや皇帝は天下を一つに併せ、黒と白のようにものの違いをはっきりとさせ、一つの権威を尊重するようにしたのです。しかし、私かに学んでいる者は一緒になって法の教えを誹り、法令が下されたのを聞くと、自分の学問によって争論するのです。家のなかでは心のうちで批判し、外に出ては巷間《こうかん》で争論します。君主よりも驕《おご》ることが名誉であるとし、異なった意見をもつことが崇高であると考え、人々を多く従えては誹謗をするのです。このようなことを禁止しなければ、上では君主の勢いが下降し、下では群れが幅をきかせるのです。これを禁止するのが得策です。)

李斯は、最後にふたたび「臣請《こ》うらくは」と繰り返してようやく焚書を提案する。

臣請史官〈非**秦記**〉〈皆燒之〉非**博士**官所職〈**天下敢**〉「有藏**詩書**」「**百家**語者」「悉詣**守尉**」〈雜燒之〉有敢「**偶語詩書**」者**弃市**「以古**非今**」者族吏「見知不舉」者〈與**同罪**〉令下三十日不燒「黥為**城旦**」「所不去者」「**醫藥卜筮**」「**種**

樹之書」若欲「有學法令」「以吏為師」（91字）

この重要な部分について、李斯列伝の方ではなぜか、以下のように短く半分程度にまとめられている。

臣請「諸有文學」「詩書百家」語者「蠲除去之」令到「滿三十日」弗去「黥為城旦」「所不去者」「醫藥卜筮」「種樹之書」若「有欲學者」「以吏為師」（49字）

前段も含めた中央での議論がそのまま地方官吏に通達されることもあるが、李斯の発言内容が長文であることから、法令として下されたのは最後の部分だと思われる。李斯列伝ではその部分をさらに省略したものとなっているが、司馬遷は同じ内容をできるだけ重複させずに、一方を要約したのであろう。秦始皇本紀と李斯列伝とを並べて比較してみよう。

秦始皇本紀の記述

臣請

①史官非秦記皆燒之

（史官にあるもので秦記〈秦の歴史書〉でないものは焼け）

②非博士官所職天下敢有藏詩書百家語者悉詣守尉雜燒之

（博士の官〈役所〉の所管のものを除き、天下で詩書・百家の語を所蔵する者はすべて郡の守《しゅ》〈長官〉・尉《い》〈軍官〉に差し出して焼却せよ）

③有敢偶語詩書者弃市

（あえて詩書について二人以上で集まって議論する者は棄市《きし》〈晒《さら》し首〉とせよ）

④以古非今者族

（古を以ていまを誹る者は族刑〈一族もろとも処刑〉とする）

⑤吏見知不舉者與同罪

（官吏が〈①～④について〉見て罪を知りながら摘発しない場合は、その者と同罪とする）

⑥令下三十日不燒黥為城旦

（法令が下されてから三〇日〈一ヶ月〉経っても焼却しない場合は、黥《げい》〈入れ墨〉を施して城旦《じょうたん》〈城郭工事の労働刑〉とする）

⑦所不去者醫藥卜筮種樹之書

（除去しないものは医薬・卜筮《ぼくぜい》〈占い〉・種樹《しゅじゅ》〈農業〉の書とする）

⑧若欲有學法令以吏為師

（もし法令を学ぼうとする者は官吏を師とせよ）

①②は禁書の焼却の命令、③④は詩書について議論したり、いまの政治を非難した者の罪、⑤は取り締まる官吏の側の罪、⑥は①②を期限内に実行しなかった者の罪、⑦は禁書にならない書物、⑧は官吏から法令を学ぶことの推奨、という内容である。

李斯列伝の記述

臣請

②諸有文學詩書百家語者蠲除去之

（およそ文学〈学問〉・詩書・百家の語を有する者は取り除け）

⑥令到滿三十日弗去黥為城旦

（命令が下り、三〇日経過しても消去しない場合、入れ墨を施して城郭工事の労働刑に当てる）

⑦所不去者醫藥卜筮種樹之書
（除去しないものは医薬・卜筮・種樹の書とする）
⑧若有欲學者以吏為師
（もし学ぼうとする者は官吏に師事せよ）

番号を秦始皇本紀と対応させたが、両者を比べると、李斯列伝の記述は実に簡単である。学者は皇帝の政治を批判するものであり、官吏は皇帝の政治を無批判に支えるものであるから、学問の書ではなく官史に学べというのである。李斯をこのような短絡的な思考に走らせたのは、面前の博士の発言であった。

李斯の焚書の発想は韓非が伝える商鞅《しょうおう》の政策から得ていたので、独自に事前に十分練られたものではなかったと思う。『韓非子』和氏《かし》篇に、商君（商鞅）が「詩書を燔《や》き、法令を明らかにする」という政策に言及している箇所がある。

商君教秦孝公以連什伍，設告坐之過，燔詩書而明法令，塞私門之請而遂公家之勞，禁游宦之民而顯耕戰之士（『韓非子』和氏篇）

（商君は秦の孝公に教え、十家五家の隣組を組織して犯罪を密告させ、詩書を焼き、法令を明らかにさせ、私家の優遇をやめて公家（国家）の奉仕に務めさせ、任侠の徒の任官を禁じて農耕に務める戦士を重んじた）

実際に商君の時代に詩書を燔いたかどうかは、『史記』商君列伝にも『商君書』にも見当たらず、定かではない。また、『韓非子』の五蠹《ごと》篇には、国に巣くう五蠹（五つの害虫）の一つに学者が挙げられている。李斯も、政策に批判的な博士たちを害ある学者として排除しようとした。始皇帝はすでに韓非の書を学んでいたし、李斯は同学ですでに亡き韓非の知恵をいまになって借りて発言したのである。始皇帝と李斯がともに韓非の書を通して共通の認識をもっていたことが、性急な焚書令の制可に強く影響したと考えられる。

禁書の隠匿

始皇三十四（前二一三）年に焚書令が出され、民間では文学・詩書・百家の語を所蔵することが禁止された。秦始皇本紀では詩書・百家の語と言い、李斯列伝では文学・詩書・百家の語として文学が加わる。文学とは学問一般とされているが、「始皇帝の愛読書」のジャンルにも関係するので、少し説明が必要だろう。

漢語の文学ということばは、明治以降に literature の訳語として使われたが、本来の文学の意味は詩歌・小説の類を意味するものではない。孔子の時代には徳行、言語、政事と並んで文学があり、孔子の弟子の子游《しゆう》と子夏《しか》の二人が得意とするものとされた。ことばの芸術ではなく、政事（政治）にはかかわらない、文字で書かれた学問一般のことである。秦の焚書令のときには政権側からは文学と方術が政治を批判するものとして非難された。一転して漢代では「賢良《けんりょう》と文学」と言われ、官吏に求められた儒学の学問の素養として好意的に評価された。秦の叔孫通《しゅくそんとう》は、おそらく焚書令以前に、儒学に限らず文学の豊富な知識で秦の博士となったという。文学とはあいまいなジャンルであり、時代によってその意味は変わった。詩（詩経）でもなく、書（尚書）という歴史でもなく、百家の語という諸子百家の思想にも入らないジャンルが文字の学問の文学であった。

始皇帝の時代に焚書の書籍を密かに隠す行為が行われていたことは、漢代になって壁に塗り込まれた書籍が発見されたことからも確認できる。前章の『論語』の項でも紹介したが、前漢の魯《ろ》の恭王《きょうおう》劉餘《りゅうよ》が孔子の旧宅を壊そうとしたときに、壁のなかから古文で書かれた『古文尚書』『礼記《らいき》』『論語』『孝経《こうきょう》』を得たと伝えられている。恭王の異母兄弟の河間献王《かかんけんおう》劉徳《りゅうとく》

（前一五五～前一三〇）も儒学を好んだために、儒者たちが古文の先秦の書『周官《しゅうかん》』『尚書』『礼』『礼記』『孟子《もうし》』『老子《ろうし》』などを持ち寄って集まったという（『漢書』巻五三景十三王伝）。尚書と百家（論語・孝経・孟子・老子）以外の『周官』・『礼記』などは文学に含まれるのか。済南《さいなん》の伏生《ふくしょう》も壁のなかに書物を隠し、漢の世になって『尚書』二九篇を得たという（『漢書《かんじょ》』芸文志《げいもんし》）。孔子の邸宅の書物とは、焚書令後に孔子の子孫の孔鮒《こうふ》が邸宅の壁に隠したものであったのだろう。現在でも山東《さんとう》省曲阜《きょくふ》にある孔子廟のなかに、その場所が魯壁《ろへき》の名で伝えられている。

　魯国の恭王や河間国の献王は、先秦の書物を得たが、同じ異母兄弟の中山《ちゅうざん》王劉勝《りゅうしょう》と夫人の墓である満城漢墓《まんじょうかんぼ》からの出土品に、書籍の簡牘《かんとく》は皆無であった。劉勝は酒と女性を好み、一二〇人もの子をもうけたという。出土品のなかには宮中で飲酒を楽しむ遊具として、一八面の骰子《さいころ》と宮中行楽銭四〇枚が見られた。骰子には一から一六までの数字と、「酒来《しゅらい》」と「驕《おごる》」の文字が記されていた。劉勝の例から見れば、諸侯王クラスの誰もが墓に書籍簡を収めるというものではなかったようである。

　禁書の隠匿場所が壁のなかではなく、墓室のなかということはあり得たのだろうか。それについては、あり得なかったのではないかと思う。墓室のなかに入れても、当時の墓の構造では回収できないからである。当時は墓室の門を開けて何度も出入りできる横穴式ではなく、縦穴式であったため、いったん埋葬すれば、地中に封じ込められてしまうものであった。永遠に開けることのない墓室を開けてしまえば、盗掘として処罰される。そのような所に書籍を隠すことはない。前漢呂太后《りょたいこう》の時期の張家山《ちょうかざん》漢簡の「盗律《とうりつ》」では、「冢《つか》を盗み発《あば》けば磔刑《たっけい》」と書かれており、極刑になった。この時期の法律は「秦律《しんりつ》」を継承していると考えられている。横穴式の墓室であれば、実際に夫婦を時間差をもって同じ墓室に埋葬することができた。そのように墓門の入り口を開閉して、再度埋葬することが可能となるのは漢代になってからである。

秦の焚書令は、意外なことに秦王朝が崩壊して漢王朝が樹立されてもそのまま継承された。前漢の初期の劉邦《りゅうほう》政権は新たな制度を始めるいとまがなく、秦の政治制度をそのまま継承したのである。前漢恵帝の四（前一九一）年、「挟書律《きょうしょりつ》」が廃止された。焚書は政府が書物を焼く意味であるが、挟書は民間の側が書物を所持するという意味である。結果として同じことになるが、どのような書物を保持してよいのか、法律に反して保持した場合、どのように処罰されるのかが決められていた。『漢書』巻二、恵帝紀の記述では、三月甲子の日に恵帝は成年の戴冠式を迎え、天下に恩赦を行い、吏民《りみん》（官吏と庶民）の行動や生活を妨げるような法令を省いた。このときに挟書律も廃止されたのである。挟書律とは秦律の「敢えて挟書有る者は族《ぞく》せらる（罰せられる）」という条文に相当すると張晏《ちょうあん》は『漢書』に注釈を加えた。秦には「行書律」などという法律もあり、こちらは文書の伝達や紛失に関する法律であった。焚書令とは法令としての言い方で、法律としては挟書律と言っていたのであろう。秦の焚書令から挟書令の廃止まで二二年の間は、秦末の反乱や楚漢の戦いの混乱時期であるが、この期間は禁書を壁中に隠匿することはあっても、墓室に禁書を収めることはなかったと想像される。

挟書律が廃止されると、地方官吏の墓にも法律、算術、質日《ちじつ》（官吏の日誌）に加えて書籍簡も埋蔵するようになったと思われる。書籍簡が加わったことが、秦の地方官吏の墓と違う点である。睡虎地秦墓《すいこちしんぼ》と同じ場所で発掘された睡虎地七七号漢墓からは、竹行李《たけごうり》に入った二一三七枚もの竹簡が発見され、それらは文帝・景帝期のものであった。書籍簡は一巻二〇五枚、歴史上の人物に関係した内容であるという。官吏には実務以外の文学の知識が必要になっていったことがうかがえる。

睡虎地秦簡の『編年記《へんねんき》』は始皇三十（前二一七）年で終わっているので、少なくとも始皇三十四（前二一三）年の焚書令の前には埋葬されていたと思われる。したがって埋蔵された竹簡は焚書令の影響は受けていない。この『編年記』は喜《き》という人物について書かれたものだが、始皇三十年には喜は四十六歳、残された頭蓋骨や歯から喜の年齢を鑑定すると、四十から四十五歳の間であると推測される。『編年記』の最後の紀年の直後に死亡したとされているが、頭蓋骨の縫合や歯の磨滅《まめつ》からの年齢確定は五歳きざみの誤差は出るようである。記載されている始皇三十年という年代は、もとになった『秦記』の年代であり、喜の死亡を書き入れているわけでもないので、数年の誤差はあり得ると思われる。

睡虎地秦簡の内容を丹念に調べてみると、焚書令で禁書となる詩書・百家の書の影響がうかがえる。秦の時代の史料だからといって、睡虎地秦簡が儒家を排除した法家一辺倒の内容であるとする見方は変えていかねばならない。一九七五年に発見された当時は、文化大革命の最後の時期であり、儒法闘争史観が叫ばれ、法家が強調された。そのため、睡虎地秦簡のなかの占いの書である『日書《にっしょ》』も当初は紹介されなかった。また、官吏の心得を記した『為《い》吏之道《りのみち》』のなかには『論語』に共通する思想が見られる点も知られていない。

睡虎地秦簡以降の秦代の簡牘も、始皇三十四年の焚書令以前のものか、以後のものかで区分する必要がある。

詩書

孔子は詩書（詩経と尚書）をテキストに弟子を教育していたという。「詩三百を誦《しょう》し」（『論語』巻第七　子路第十三）と言うからには、暗誦《あんしょう》していた詩を声に出して朗誦していたことになる。では、「孔子詩書を論ず」とは、いったいどのような読み方をしていたのであろうか。これについてはあまり語られてこなかった。しかし、そのことをつぎのように理解すると、商鞅や韓非や李斯が「詩書を燔く」ことになぜこだわったのかが見えてくる。

孔子は弟子を引き連れ、魯《ろ》を出て諸国を歴遊した。衛《えい》、曹《そう》、鄭《てい》、陳、宋などの小国を訪れたことに一つの解答がある。『詩経』国風《こくふう》には、邶風《はいふう》、鄘風《ようふう》、衛風、鄭風、陳風、曹風などの小国の詩が残されている。小国の豊かな自然と歴史を謳《うた》ったことばに、大国に対抗し得る力を感じたのであろう。李斯は大国秦に入り、廷尉《ていい》として秦の統一を実現した。丞相となると、大国秦の歴史書以外の六国の歴史書、秦以前の帝王の歴史書、そして詩の焼却を求めた。孔子はまた、夏・殷・周三代の歴史を語った書（尚書）を尊重し、テキストとした。孔子の先祖は殷の遺民である小国宋の国の人間であり、殷の紂王《ちゅうおう》の暴君伝説に惑わされることなく、殷の三人の仁者を評価している。

郭店楚墓（かくてんそぼ）からは『老子』が出土しているが、この被葬者はなぜ『老子』を読んでいたのだろうか。官吏として読んでいたとすれば、『老子』は哲学の書ではなく政治の書であったと思われる。

始皇三十四（前二一三）年、始皇帝四十七歳の年、咸陽宮では酒宴が開かれ、博士七〇人が前に出て皇帝の「寿」（長寿）を祝った。「万歳《ばんさい》」（一万年）というかけ声は、国家の永続を願うことばであるので、個人の場合は「寿」であった。このころからの始皇帝の言動には、みずからの長寿を願望する意識が強くなり、執拗《しつよう》なほど仙人の不死の薬を求めた。その行動の原因は老荘思想で読み解くことができるのではないかと思っている。そして始皇帝は、実際に『老子』（本来は『道徳経《どうとくきょう》』という書名）の書を読んでいたとも思える。

『老子』第三三章に「死しても亡びざる者は寿」ということばがある。ここで言う「肉体は死を迎えても亡びない」とはどういうことであろうか。人間の死とは魂魄《こんぱく》二つの霊魂が分離して、父から得た魂《こん》は天に帰り、母から得た魄《はく》は地に帰ることを言う。魄が遺体に宿り続ければ、亡びないと考えたのである。「生を出でて死に入る」（『老子』第五〇章）から人間は必ず死を迎える。ただ、「死地」に入り込まないようにすれば、死期をできるだけ遅らせ

咸陽宮第一号宮殿遺址復元図（陝西省考古研究所編『秦都咸陽考古報告』科学出版社、2004年）

ることができるという。

しかし、酒宴に参加した人々は、始皇帝個人の身体の長寿よりは、秦という帝国の永続を議論するばかりだった。そのなかで、方士《ほうし》の盧生《ろせい》は始皇帝に長寿について助言した。始皇三十五（前二一二）年、始皇帝四十八歳のときの記事にそのことが見える。年代が正確であれば、五十歳での死の二年前のことである。「人主は人に姿を見せずに微行すれば悪鬼を避けられる。悪鬼を避ければ真人《しんじん》となる。真人は水に入っても濡れず、雲気をしのぎ、天地と久しく長らえる」と伝えた。悪鬼とは人に危害を加える鬼神（魂）を言う。「天は長く、地は久し」（『老子』第七章）は老子の無為自然《むいしぜん》の思想の根幹のことばである。始皇帝は朕《ちん》という独自の自称を真人と改め、人に姿を見せないように、咸陽周辺二〇〇里（一〇〇キロメートル弱）以内の離宮と観台二七〇を復道《ふくどう》（二階建ての通路で皇帝は上を移動）と甬道《ようどう》（壁で目隠しをした通路）で結び、そこに配置された鐘鼓《しょうこ》や女官たちは移動させなかったという。皇帝の移動の秘密を漏らした者は死罪とした。このような『史記』に記された誇張の話は、常に反始皇帝の伝説だという可能性があるが、たとえ伝説であったとしても、史実の根拠はあると思っている。咸陽にほど近い蘭池宮《らんちきゅう》への夜のお忍びの危険もなくなったことになる。咸陽宮は発掘されているが、それ以外には隣接地に蘭池宮、望夷宮《ぼういきゅう》、興楽宮《こうらくきゅう》、章台宮《しょうだいきゅう》、信宮《しんきゅう》、郊外に梁山宮《りょうざんきゅう》、長陽宮《ちょうようきゅう》、林光宮《りんこうきゅう》、萯陽宮《ふうようきゅう》、歩高宮、歩寿宮、西の雍城《ようじょう》付近には蘄年宮《きねんきゅう》、棫陽宮《よくようきゅう》、平陽封宮《へいようふうきゅう》、虢宮《かくきゅう》、西垂宮《せいすいきゅう》などがあった。隣接した宮殿は通路で結ばれたと思われる。

海への想いとその変化

始皇帝がはじめて海に接したのは、戦乱の時代が終結した統一後のことであり、第二回の巡行で内海の渤海《ぼっかい》を目の当たりにした。このときは山東半島の海岸を巡り、斉の八神（天主・地主・兵主・日主・月主・陰主・陽主・四時主のうち日月以下は海岸に祭祀《さいし》地がある）の場所を訪れた。陰主の三（参）山、月主の來山のあと半島最東端の成山まで行って日主を祀《まつ》り、戻りながら海に突き出した之罘山《しふざん》に登った。陽主を祀る場所である。その後、南の琅邪台《ろうやだい》では離宮を建設し、三ヶ月も海の光景を楽しんだ。そこは、四時（四季）主を祀る場所とされている。ここでは斉人の徐市《じょふつ》（徐福《じょふく》とも言う）から、海中には蓬莱《ほうらい》・方丈《ほうじょう》・瀛洲《えいしゅう》の三神山があることを耳にし、かれに童男童女数千人を連れて僊人《せんじん》を探すように命じた。第三回巡行でも、ふたたび之罘山に登って海を眺望し，琅邪まで足を伸ばした。第四回の巡行では、北の碣石《けっせき》に直行するなど、海への執着ぶりがうかがえる。始皇帝はただ単に紺碧《こんぺき》の海の色に惹かれたわけではなかった。内陸にはない海の不思議な自然に惹かれた。敵意に満ちて戦っていた戦乱の時代には思いも寄らなかった行為である。

始皇三十五（前二一二）年、遙か東方の海に帝国の東門を築いて海上の世界への入り口とした。都咸陽や建設中の陵墓の位置を東にまっすぐ伸ばした所に門を築いたのである。海上に聳《そび》える岩礁を門にしたが、門の痕跡は現在ではわからなくなってしまった。私たちは東海大学情報技術センターとともに、衛星画像も駆使して江蘇《こうそ》省連雲港《れんうんこう》市の孔望山《こうぼうざん》の南麓にその位置を推定した。東門の設定は、都を守るための長城や軍事道路の直道、阿房宮《あぼうきゅう》の造営と同時に行った。北は匈奴《きょうど》に三〇万、南は百越《ひゃくえつ》に五〇万の兵士を送り、ふたたび戦争を始めた。始皇帝は戦後の始皇三十七（前二一〇）年、東門を訪れた。このときの始皇帝の海への想いは大きく変わることになった。南北に国境を広げ、従来不老不死の僊人の住む世界だと漠然と考えていた東方の海にも、みずからの帝国を守る国境の意識をもったのであろう。

焚書令で焼かれた書物

始皇三十四（前二一三）年の焚書、始皇三十五（前二一二）年の阬儒《こうじゅ》、併せて焚書坑儒と言われることが多い。司馬遷は「秦の末に詩書（詩経と書経）を焚き術士を阬にす」（『史記』儒林列伝）と書いているが、後漢の班固《はんこ》は「詩書を燔き術士を殺す」（『漢書』儒林伝）と書いている一方、「燔書坑儒《はんしょこうじゅ》」（『漢書』地理志）とも書いている。唐の顔師古《がんしこ》が『漢書』の注で「阬儒」と書いており、焚書阬儒が一般の表現となった。班固は「燔書禁学《はんしょきんがく》」（『漢書』芸文志）とも書き、書物一般を焼いたと言うが、本来は詩書を焼いており、穴埋めは儒者だけを対象にしたのではなかった。焚書阬儒よりも「焚詩書阬術士」がより事実に近い。

ここでは始皇帝自身がどのような心情でこの二つの事件に対応したのかを見てみよう。「焚詩書」は丞相の李斯が発案したもので、始皇帝は裁可しただけであった。李斯の提案も、実は一五〇年も前の商鞅変法のときに「詩書を燔き、法令を明らかにし」（『韓非子』和氏《かし》篇）たことを踏襲したまでであった。

ただ、詩書を燔いたことは、商鞅による二回の具体的な変法の富国強兵策のなかには見られない。戦争のために敵の兵士の首を取れば爵と耕地と宅地を与え、降伏すれば厳しく罰する。国内の犯罪の摘発も同様に、民衆同士に告発させては褒美を与え、隠匿すれば罰する。

農業に専念させ、きちんと納税をして兵役に出るような、国家に忠実な人民を短期に養成しようとした。そのためには法を守るという意識改革が必要であった。秦の孝公の前で活発な議論が展開され、商鞅は改革に反対する甘龍《かんりゅう》、杜摯《とし》らを論破した。反対派は夏・殷・周三代の政治を踏襲せよと言い、商鞅は三代もそれぞれ改革をしたからこそ王朝の交替があったのだと主張した。「詩書を燔く」ことが必要だったとすれば、法令を遵守させるための演出効果を期待してのことであっただろうと思う。三丈《じょう》（三〇尺）の木を咸陽の南門に立て、北門に移しただけで五〇金を与えるとしたのも法の遵守のための演出であり、孝公の太子が法を犯したときに、太子の処罰をやめて、代わりに守り役や師に刑罰を加えたのも同じである。古《いにしえ》の礼法に固執していた保守派に見せつけたのが「詩書を燔く」行為であり、李斯もまさにこれに倣ったのである。諸生《しょせい》がいまを師とせずに古を学び、人民を惑わせる。そのために秦の史書以外の史書や、詩書、諸子百家の書を三〇日以内に焼却する法令を下した。それらは諸生が現体制を批判するための書物であった。

「阬術士」の方は、始皇帝がみずから主導した。焚書令で書物を回収したあとは、諸生を御史《ぎょし》に尋問させ、妖言を広めて人民を惑わす罪で収監した。四六〇余人を対象に、かれらを阬殺した。長平《ちょうへい》の戦いで秦の白起《はくき》将軍の軍が趙軍を四十数万人を降伏させて阬にしたことや、秦王自身が趙の仇敵《きゅうてき》を阬にしたことが思い起こされる。しかし、いまは戦時下ではない。始皇帝の恣意《しい》的な判断のようではあるが、刑罰として阬殺《こうさつ》はあった。感染病者の罪刑者を生き埋めにしたことは、睡虎地秦簡の『法律答問』に「定殺《ていさつ》」（水攻め）と「生埋」ということばが見えるので、阬に相当する法制用語があったことがわかる。穢《けが》れたものを封じ込める（口封じする）という意識があったのかもしれない。

卜筮の書

「去らざる所の者は、医薬・卜筮・種樹之書」とされたように、焚書令の対象にならなかった書物のなかに卜筮の書が入っていた。卜筮とは占いのことで、中央官庁の宗廟礼儀を掌《つかさど》る奉常《ほうじょう》の属官に太祝《たいしゅく》・太医《たいい》・太卜《たいぼく》があり、国家が正式に占卜の官を置いていたことから、秦の時代も殷周時代の卜筮の伝統を継承していたことがわかる。

卜《ぼく》は亀甲や牛骨を焼く占い、筮《ぜい》は筮竹《ぜいちく》の陰（--）陽（—）の組み合わせの卦《か》を数えて吉凶を知る占いである。始皇三十六（前二一一）年、始皇帝の死の前年、その死を予言するような不吉な事件がたびたび起こったので、始皇帝は卜《うらな》いをしたところ、卦は「游徙《ゆうし》は吉」と出た。こうした記録が残っていることからも明らかに卜筮を用いたことがわかる。易《えき》では陰と陽の爻《こう》を三つ組み合わせた八卦《はっか》（二の三乗）と、六つ組み合わせた六四卦（二の六乗）で占いを行う。その占いのことばを説明した「爻辞《こうじ》」と「卦辞《かじ》」には具体的なことばが記される。「游徙すれば吉である」というのは明らかに卦辞である。これは六四卦のどれにあたるか確定しがたいが、たとえば『易経』の益卦には「遠くへ行くのに利《よろ》しい」、升卦は「南方に征けば吉である」と見えるような、皇帝の游（巡行）と民衆の徙民《しみん》（移住）を指示した卜筮の結果と言える。皇帝も民衆も移動をせよという指示である。始皇帝は早速、北河と楡中《ゆちゅう》の北辺に三万家を徙民し、爵位一級を与えた。みずからも年初の十月癸丑《きちゅう》の日（三日）に出游した。最後となる第五回目の巡行である。卜筮の書が政策と皇帝の行動を左右していたことがわかる。と言っても始皇帝が若いときにはこのように卜筮に頼ることはなかったのではないかと思われる。五十歳、最期の巡行にふさわしい判断であった。

湖北省《こほくしょう》江陵県《こうりょう》王家台《おうかだい》一五号秦墓からは、秦の時代の『易占』（『帰蔵《きぞう》』）と名付けられた竹簡が出土している。現在の易の卦の名称と重なったり異なったりする部分もあり、爻辞にも異同がある。これが現在伝わる『周易』とは別の、殷代の易『帰蔵』だと考えられている。ちなみに『周礼《しゅらい》』には夏代の『連山』と併せて三易と伝承されている（川村潮「『帰蔵』の伝承に関する一考察――附、『帰蔵』佚文輯校」『早稲田大学大学院文学研究科紀要』第四分冊、二〇〇六年では丹念に佚文《いつぶん》を整理し、帰蔵の由来を説かれている。）。出土史料では陽爻を一、陰爻を六や八の字で示しているのがおもしろい。「游徒は吉」という文面が現在の『周易』のテキストになくても問題ではない。ここでも地方官吏が『秦律』、『日書』と『易占』の竹簡を墓地に持ち込んでいた。

さて、二世皇帝も白い虎が左の驂馬《さんば》をかみ殺した夢を見たときに、卜いをさせて、「涇水《けいすい》祟《たたり》を為す」という結果を得た。涇水を祀り四頭の白馬を沈めた。このときの卜いは卜筮ではなく、夢占いであった。驂馬とは、四頭立ての馬車では外側の添え馬を言い、とくに向かって左側の驂馬は天子の印の纛《どう》という旗を立てている。その馬をかみ殺すというのは、ただごとではない。涇水の祟《たた》りという具体的な指示が出された。睡虎地秦簡の『日書』のなかにも「夢占い」があり、岳麓秦簡にも『占夢書《せんぼうしょ》』という書があった。『史記』によれば、始皇帝は最期の巡行で海神と闘う夢を見た直後に病にかかった。始皇帝も博士を通して『占夢書』を読んでいたことが考えられる。

日書

現在まで日書という干支の暦による吉凶の占いの書が多くの秦代の墓に埋蔵され、それは漢代の墓にも継承されていることがわかっている。睡虎地秦簡、岳山秦簡、天水放馬灘秦簡、王家台秦簡、北京大学所蔵秦簡など、漢簡では孔家坡前漢簡、印台前漢簡、虎渓山前漢簡などである。最初に出土したのは睡虎地秦簡であり、そこには「日書」の表題が書かれており、はじめて日書という書物の存在がわかり、研究が進められてきた。『漢書』芸文志の数術略には雑占のジャンルはあるが、日書という書物は見られない。焚書令では非禁書の書として卜筮の書が挙げられているので、日書が墓にまで持ち込まれても問題はない。では秦の地方官吏はなぜ墓の中に日書を入れたのであろうか。生きている人に行動を占うのではなく、死者にとっては死後の世界の行動を占ったのであろうか。生前と同じ生活を続けていけるように占ったのであろうか。

医薬

焚書令では医薬の書も対象から除かれた。それらは何ら政治性もなく、生活に必要な書物であった。始皇帝が病気にかかったのは、始皇三十七（前二一〇）年の第五回最後の巡行のときであった。秦始皇本紀は「平原津《へいげんしん》に至りて病す」と記している。病状は重篤化するばかりであった。蒙恬《もうてん》の弟蒙毅《もうき》に、山川へ快復を祈禱《きとう》をさせたが、かれが戻らないうちに始皇帝は沙丘《さきゅう》で死を迎えた（蒙恬列伝）。始皇帝の病には、当然太医が処置を施していたはずであるが、詳細は伝わっていない。

出土史料には湖北《こほく》省沙《さ》市周家台《しゅうかだい》三〇秦墓で出土した周家台秦簡や北京大学所蔵秦簡に医書（医学書）が見られた。「腸辟《ちょうへき》（下痢）」には肥えた牛の胆と黒菽《こくしゅく》の粥《かゆ》を飲ませ、「温病（発熱性急性感染症）で汗が出ない」者には醇酒《じゅんしゅ》（よく熟した濃厚酒）を布に浸して飲ませるなど、それぞれの病名に対応した処方が見える。

また、睡虎地秦簡には感染病にかかわる史料が見られる。秦王四（前二四三）年十月庚寅《こういん》の記事に「蝗虫《こうちゅう》東方従《よ》り来たりて天を蔽《おお》う。天下疫す」（秦始皇本紀）と見える。蝗《いなご》の大発生による災害から疫病が全国に広まったという。

方士の書

始皇二十八（前二一九）年、第二回巡行で始皇帝は琅邪台を訪れたときに、斉人の徐市《じょふつ》の上書によって海中に蓬萊・方丈・瀛洲の三神山の存在を知ったことは前述した。上書というのは、何らかの文章で伝えたということである。始皇帝はこれに応えて徐市に童男女数千人を連れて派遣し、海上に僊人を求めさせた。秦始皇本紀にあるこの記事は徐福伝説として知られてきたが、突如出てきた徐市の上書には前提があったことがわかった。里耶《りや》秦簡のなかに「都郷黔首毋良薬芳草」「琅邪献崑崙五杏薬」の文章があったのである。「都郷の黔首に良薬芳草母《ほうそうな》し」については、都・郷邑《きょうゆう》・聚《しゅう》は県を構成する聚落《しゅうらく》であり、秦が全国に良薬や芳草（香草）を供出させようと法令を出したことが推測される。また、二つ目の文章からは、琅邪郡が崑崙《こんろん》の五杏《ごあん》という薬草を献上したことがわかる。琅邪台での徐市の上書も伝説ではなく、史実に近づいたように思われる（「両千年竹簡　開秦始皇尋「仙丹」之謎」二〇一七年一二月二六日聯合新聞網）。徐市は始皇帝の命令を受けて良薬芳草が東海の島にあると伝えたかったのであった。

また、方士の盧生が始皇帝に述べたことばに、「臣等は芝奇薬仙なる者を求むるも、常に遇《あ》わず、類物に之を害する者あり」と見える（秦始皇本紀、始皇三十五年）。方士たちが仙薬を求めていたが巡り会えず、類似のものでは品質に劣るものがあったという。これも単なる伝説故事ではなく、始皇帝が全国に正式に命じたことに応えたものであった。方士の侯生と盧生は「秦の法では、方を兼ねるを得ず、験ならざれば輒《すなわ》ち死」と言い（同上）、不死の処方は一つに専念し、効果がなければ死罪という厳しい法令であったことに反発した。始皇帝も、方士は誠意をもって奇薬を求めているが、まだ薬は得られていないと不満を吐露した。

始皇三十七（前二一〇）年、始皇帝は第五回の最後の巡行で、琅邪台にて徐市と再会した。徐市は海に入って神薬を求めたが得られず、譴責《けんせき》を恐れた。それも神薬を求める法令が下されていたからであった。仙薬をめぐる皇帝と方士の間の対立や緊張を伝えたのは司馬遷の文意であったかもしれないが、背後にあった史実には注目したい。

始皇三十二（前二一五）年、始皇帝が第四回巡行で渤海湾の碣石を訪れたときにも、韓終《かんしゅう》、侯公《こうこう》、石生《せきせい》らに仙人不死の薬を求めさせた。このとき燕人盧生は海から戻り、『録図書《ろくとしょ》』という書を上奏し、そこには「秦を亡ぼす者は胡《こ》なり」と記されていた。『淮南子《えなんじ》』人間訓《じんかんくん》では、始皇帝は『録図』を得たという。録は記す意味であり、録図の書とも読める。奇妙なタイトルの『録図書』とは未来を予言する書物と見られている。

そもそも図書には二つの意味がある。後漢の訓詁《くんこ》学者の鄭玄《じょうげん》（一二七〜二〇〇）は、この図書は讖緯《しんい》の書と解釈した。讖緯とは、経書を縦糸にたとえて、それを解釈するための横糸としての緯書であり、讖は予言的なことばを意味する。鄭玄は胡とは二世皇帝の名前であり、秦は図書を見たが、胡が人名であることを知らずに北胡に備えたと解釈した。これは秦がのちに二世皇帝胡亥《こがい》のときに地方で反乱が起こり、秦が崩壊していく結果を知っているからそのように判断したのであり、始皇帝のときには胡は匈奴など北方の部族を指しているととらえるのが自然である。鄭玄は讖緯思想が広がる後漢の時代の人間として、図書とは讖緯の予言書であると理解した。この理解は、図書が河図洛書《かとらくしょ》の略称であり、河水（黄河）に図が現れ、洛水に書が現れたという故事に由来する。易の卦を解説した繋辞伝《けいじでん》に見られるので、秦の図書が予言書であるとするのも一理あり、その場合、胡は北方民族を指すものと理解すべきである。

一方、図書には一般の文書の意味もある。沛公劉邦《はいこうりゅうほう》配下の蕭何《しょうか》が秦の咸陽に入り、秦の丞相と御史（御史大夫）のもとにあった律令と図書を得たと言っている（『史記』巻五三蕭相国世家）。この秦の図書は讖緯の書ではなく、行政文書を言う。のちに漢王となった劉邦は秦の図書によって全国の地勢や人口の分布などを知り、秦の行政を継承した。

天の異変

『史記』では、始皇三十六（前二一一）年のできごととして、「熒惑守心《けいわくしゅしん》」（熒惑、心に宿る）と書いている。始皇帝の死の前年のことであり、死を予感する現象と考えられたので、司馬遷はすぐあとに続けて「墜星《ついせい》、東郡に下り、地に至りて石と為る」の記事を掲げた。その石には「始皇帝死して地分かる」と刻まれたとし、始皇帝は御史に調べさせたが犯人はわ

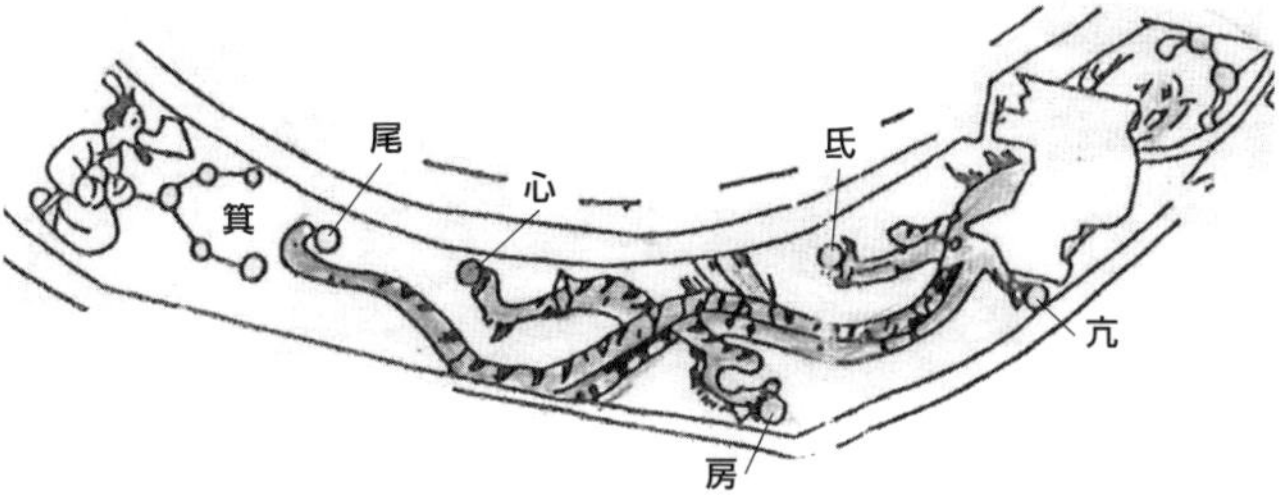

東方の７宿青龍と箕宿の星座（『西安交通大学西漢壁画墓』西安交通大学出版社、1991年）
龍の心臓に当たるのが心宿

からず、石が落ちた近辺の人をすべて殺して石も焼却したという。反始皇帝の伝説であり、真偽は疑わしい。『史記』秦始皇本紀には何の説明もない。始皇帝は『呂氏春秋』の『十二紀』にある「制楽《せいがく》」の章を読んでいたはずなので、天の異変から自分自身に何か起こるのではないかと思ったことだろう。

『十二紀』の故事には秦王始皇帝にとって学ぶべき過去の経験がうかがえ、それが行動の指針となっている。六月季夏の「制楽」の章によれば、宋の景公（在位前五一七〜前四六九）のときの前四八〇年に熒惑（火星）が心宿《しんしゅく》（二十八宿の星座の一つ、サソリ座の心臓に当たる赤色のアンタレス）の位置に止まった現象が現れた。心宿は天の宋の分野に当たるので、天が宋を懲罰するのではないかと恐れた。しかし、子韋《しい》（司星の役人）はつぎのように答えた。宋公や大臣、民が責任を負う必要もなく、何日もすれば熒惑は離れていくと。この故事は『史記』巻三八宋微子世家《そうびしせいか》にも見える。呂不韋が食客から聞き取った故事であろう。

「熒惑守心」について、火星は地球よりも外側の軌道で太陽を回っているので、地球から見た場合に、火星が順行からいったん停止して逆行する現象は繰り返し起こり、めずらしくはない。しかし、赤い火星と赤い心宿が接近した場合にはきわめて不吉なことが起こると考えられていた。ただ、宋公の例から見れば始皇帝には何ら責任はない。

中国古代の天文暦法の研究者によれば、火星がアンタレスに近づいてとどまったのは前二一一年ではなく前二一〇年の始皇帝が死去したまさにそのときことであるという。このことも不思議な巡り合わせではあるが、そうだとしても始皇帝は不吉な現象がみずからにかかわるものだとは思っていなかったようである。

終章 始皇帝の遺詔

始皇帝最期の書物

始皇帝が帝王として育っていく過程では、さまざまな書物との出会いがあった。当時の書物は紙ではなく竹簡《ちくかん》・木牘《もくとく》などであったが、始皇帝の場合は、世間に流布しているいわゆる表題のある書物の形態で読んだというよりも、おおかたが周囲の人々が始皇帝に上奏した文書の形態で読んだと言える。始皇帝に提言するための上奏文には豊富な故事が引用された。書籍と上奏文書の境はかならずしも明確ではない。『韓非子《かんぴし》』も『商君書《しょうくんしょ》』も『呂氏春秋《りょししゅんじゅう》』も私たちが目にする書物のテキストではなく、篇をまとまりとするものであった。

臣下が皇帝に上奏するときの「昧死言《まいしげん》（死を昧《おか》して言う）」ということばは、「死罪を覚悟して申し上げる」という意味の形式的な常套句であるが、上奏するかれらの生き方は実際にも命を懸けているところがあった。秦の国に入った韓非、呂不韋《りょふい》、嫪毐《ろうあい》、李斯《りし》、趙高《ちょうこう》たちの最期を考えると、まさにそのようなものであった。韓非は秦王のもとに赴いてから毒薬を与えられて自殺させられたし、その主犯の李斯も始皇帝亡きあとに腰斬《ようざん》の極刑となった。成年まで秦王を支えた呂不韋も嫪毐の乱の責任を問われて、最期は鴆酒《ちんしゅ》を飲んで自害した。呂不韋と権力を二分した嫪毐も内乱の首謀者として罪に問われ、逃亡を謀ったが捕まり、梟首《きょうしゅ》と車裂《しゃれつ》の極刑となった。李斯を処刑した趙高は、二世皇帝を自殺に追いやったが、結局三代目の子嬰《しえい》が差し向けた宦者《かんしゃ》の韓談《かんだん》に刺殺された。

帝王始皇帝の最期は病死という静かな幕の閉じ方であったが、死後の後継をめぐっては多くの謎が残されている。始皇帝の長子扶蘇《ふそ》と将軍蒙恬《もうてん》は、始皇帝の死後に作成された遺詔《いしょう》によって自死を命じられた。始皇帝の遺詔は死を前にした最期の重要な文書であったが、断片でしか残されていない。始皇帝亡きあと、李斯が最期に獄中から上書した書は李斯自身の遺言でもあったが、始皇帝の治世をうまく総括した文章であり、本来であれば始皇帝の遺詔に入るべき文章であったと思う。本書の最終章として、多くの謎を秘めた始皇帝の遺詔の真実を探り、遺詔の復元の作業をしてみたい。遺詔は始皇帝自身の最期のことばであるが、臣下が原案を上奏した部分もあると考えると、それは始皇帝が最期に目にした書物だったとも言える。

始皇帝の遺詔

第三章で見たように、中国史上最初の皇帝となった秦王政は、皇帝号をみずから発案すると同時に、従来の王命を制、王令を詔と呼称を改めた。その始皇帝（生前は皇帝）は、皇帝即位後一二年経った五十歳で死を迎えた。始皇三十七（前二一〇）年、第五回巡行の途上で突如病にかかり、沙丘《さきゅう》の離宮の地で最期の詔を下した。それを『史記』は遺詔と記している。「詔」という皇帝の命令を表す専用用語は始皇帝に始まり、同時に遺詔も始皇帝に始まった。「詔を遺《のこ》す」という意味のことばが、皇帝の遺言を示す専用名詞となった。始皇帝以降の歴代諸王朝の皇帝も、しばしば死を前にして遺詔を下した。一般に遺詔の内容は、一に治世の総括、二に後継の確定、三に葬儀の次第からなる。遺詔によって皇位の継承はスムーズになる。皇帝の治世を振り返って総括することばは臣下がことばを選びながら慎重に起案する。新皇帝とそれに仕える官吏に言い残すべきことばであった。後継の新皇帝への権力の移譲は、最終的には遺詔によって確定する。みずからの葬儀の次第や、陵墓への納棺時に収める埋蔵品の選定なども、遺詔のなかで皇帝の意志が反映される重要なものである。

始皇帝の遺詔についてはあいまいな点が多い。最期になってようやく葬儀の主宰を長子の扶蘇に決めたが、遺詔をめぐって趙高・李斯・末子胡亥《こがい》らによる政変が起こったと司馬遷《しばせん》が理解したからである。『史記』巻六の秦始皇本紀によれば、始皇帝が封印した書が破棄され、始皇帝の死の直後、あらためて丞相《じょうしょう》李斯が遺詔を沙丘で受けたと偽って、子の胡亥を太子とする書と、公子扶蘇と蒙恬に死罪を賜う書を作ったという。当初作られた本来の書を真の遺詔とすれば、後者の二つは偽の遺詔、すなわち偽詔《ぎしょう》となる。

遺詔には長子の扶蘇に向けて「喪《も》（始皇帝の遺体）と咸陽《かんよう》に会して葬れ」と書いてあったことは『史記』秦始皇本紀にも示されている。太子を置かずにいたために、最期に長子の扶蘇に葬儀を行わせることを決めたということである。李斯列伝では「兵を以て蒙恬に属《しょく》し、喪と咸陽に会して葬れ（以兵属蒙恬與喪会咸陽而葬）」と蒙恬将軍を後ろ盾にするという内容が加わっている。扶蘇と蒙恬は対匈奴《きょうど》の前線である北辺の上郡《じょう》に送られていたので、ちょうど始皇帝の遺体が密かに運ばれる経路に当たっていた。蒙恬は長城を修築整備し、そこから南下する直道の軍事道路も建造した。自分の遺体を密かに都咸陽に返し、無事に埋葬するには長子扶蘇の孝行心と、蒙恬の軍隊の労働力が必要であった。趙高が李斯に述べた会話では、「喪と咸陽に会して立ちて嗣《し》となれ（與喪会咸陽而立為嗣）」と言ったとされ、後継となることまでが加わっているが、遺詔にそこまで記されていたかは疑問である。ここには趙高の思い込みがある。残された遺詔の文章は断片であり、短《みじか》すぎる。李斯らによって真の遺詔が破棄されたことで、本来の長文が残されなかったとも考えられるが、司馬遷が長文の遺詔を目にしていなかったために、遺詔が破棄されて偽詔が作成されたように思い込んだとも考えられる。

始皇帝の遺詔ということばは、『史記』秦始皇本紀にわずか二箇所見られるだけである。

「始皇遺詔沙丘（始皇、沙丘に遺詔す）」と、始皇帝の巡行時に残した泰山刻石文《たいざんこくせきぶん》の「化及無窮遵奉遺詔永承重戒」である。同じ遺詔でも両者の意味は少し異なる。前者は始皇帝の亡くなった沙丘の地で遺詔が下されたことを示す。後者の泰山刻石の文章は、臣下が皇帝を顕彰《けんしょう》したものであるが、直接皇帝に宛てた上奏文ではなく、皇帝亡きあとの後世に送る一種のメッセージであった。これは臨終の場の遺詔ではない。泰山刻石の最後は、「化《か》は無窮《むきゅう》に及び、遵《じゅん》じて遺詔を奉じ、永く重戒《じゅうかい》を承《う》けん」ということばで結ばれる。皇帝の教化は将来にわたっても尽きることはなく、陛下の遺詔を謹んで守り、いつまでも重い誡《いまし》めとして受け止めていきたいとの臣下の決意を表す。臣下から見れば皇帝の偉業の大義は、泰山刻石の最後に「大義休明、後世に垂れ、順承して革《あらた》むる勿《なか》れ」とあるように、後世に伝えるものであり、実際に石に刻むことによって未来永劫守るべきものとなった。生前の皇帝の詔書一般は、亡きあとには始皇帝の遺詔となることを想定して遺詔と言ったのであろう。

両詔（始皇帝と二世皇帝の詔書）青銅量（ます）の銘文を見れば、わかりやすい。始皇二十六（前二二一）年の統一時に、皇帝が丞相王綰《おうわん》に下した度量衡《どりょうこう》の統一の詔と、二世皇帝元（前二〇九）年の制詔が側面と裏面に並記されたものである。元年の制詔が現皇帝二世皇帝の制詔であり、二十六年の詔は前皇帝始皇帝の詔である。同一の度量衡器がそのまま使用されるので、二つの詔の文章が並ぶことになった。

廿六年皇帝盡并兼天下
諸侯黔首大安立號爲皇
帝乃詔丞相狀綰灋度量
則不壹歉疑者皆明壹之

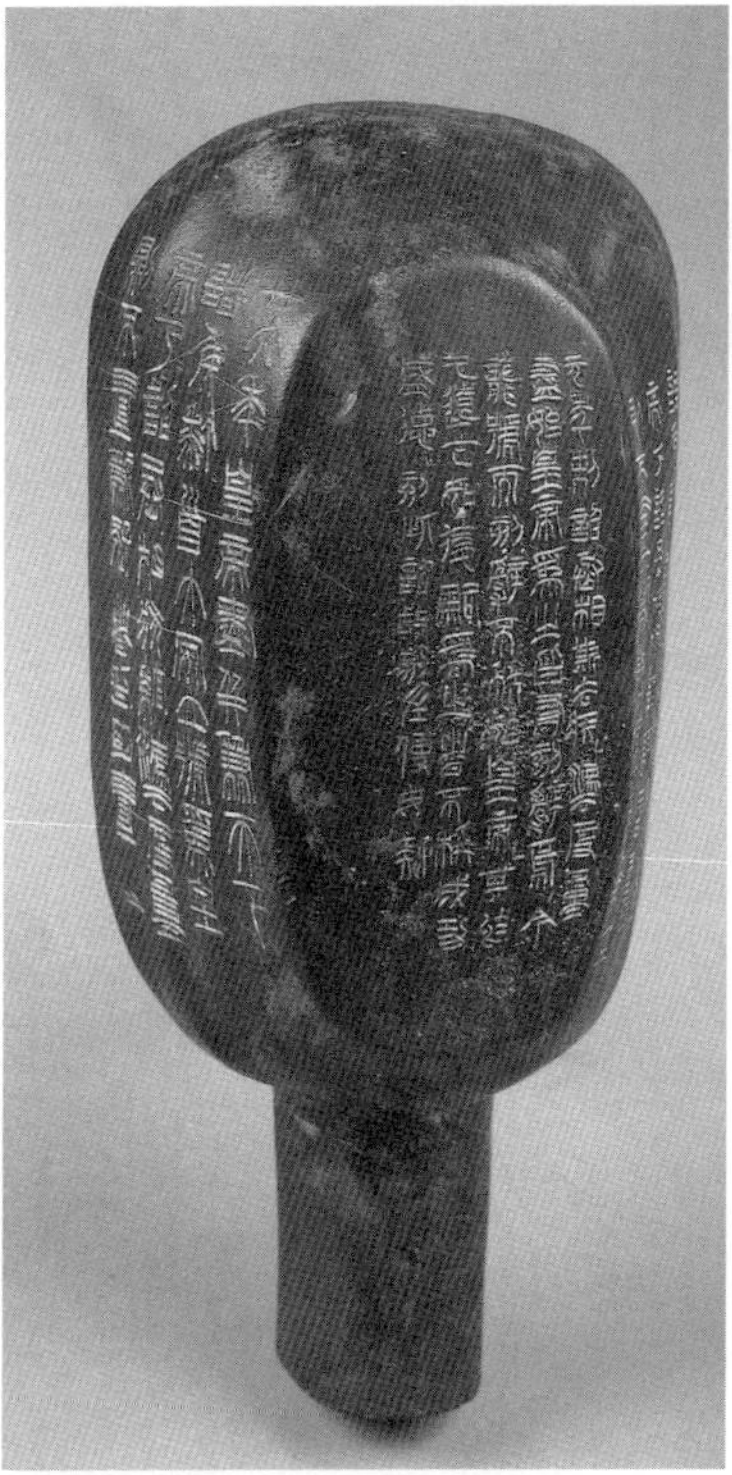

両詔青銅椭量　1985年始皇帝陵陵園出土、陝西歴史博物館所蔵
(『秦の始皇帝兵馬俑展』共同通信社、2000年)

（二十六年、皇帝は尽《ことごと》く天下の諸侯を并兼《へいけん》す。黔首《けんしゅ》大いに安らかにして号を立てて皇帝と為る。乃《すなわ》ち丞相〈隗《かい》〉状《じょう》・〈王〉綰に詔す。灋《ほう》〈法の古字。審判に用いる廌《ち》という神獣を水に投げ去る意〉度量《どりょう》則ち壹《いつ》ならずして歉疑《けんぎ》する者は皆明らかにして之を壹《いつ》とせよ）

元年制詔丞相斯去疾灋度量
盡始皇帝爲之皆有刻辭焉今
襲號而刻辭不稱始皇帝㆑其於
久遠也如後嗣爲之者不稱成功
盛德刻此詔故刻左使毋疑。

（元年、丞相（李）斯・（馮《ふう》）去疾《きょしつ》に制詔す。灋度量《ほうどりょう》は盡《ことごと》く始皇帝の之を爲《つく》り、皆焉《ここ》に辭《じ》を刻す有り。今號《ごう》を襲《おそ》いて辭を刻すに始皇帝と称せざれば、其れ久遠に於いてや、後嗣之を爲るが如き者は成功盛德に称《かな》わず。此の詔を刻し、故に左に刻して疑うこと毋《な》らしめよ。」

二世皇帝の制詔から見れば、始皇二十六年の始皇帝の度量衡統一の詔書は遺詔となる。天下には皇帝は現存する一人しか存在しない。したがって詔書も一つである。皇帝が亡くなれば新たな皇帝が皇帝であり、先の皇帝は始皇帝と呼ばれる。先の皇帝の詔書も遺詔となる。

偽詔の内容

一方、扶蘇と蒙恬を死罪とする偽詔の方は、より長い文章が『史記』巻八七李斯列伝に残され、長子扶蘇に宛てた文章として残されている。

「朕巡**天下**」**禱祠**「**名山諸神**」「以延**壽命**」「今**扶蘇**與」「**將軍蒙恬**」**將師**
數十萬以**屯邊**「十有餘年」矣不能進而前「**士卒**多秏」無「**尺寸**之功」
乃「反數**上書**」「**直言誹謗**」〈我所為〉以不得罷歸〈為**太子**〉「**日夜怨望**」
扶蘇〈為**人子**〉**不孝**〈其**賜劍**〉〈以**自裁**〉〈**將軍**恬〉〈與**扶蘇**〉居外〈不匡正〉
「宜知其謀」〈為**人臣**〉**不忠**〈其**賜死**〉〈以兵屬〉「**裨將王離**」

本来の遺詔が破棄され、この偽詔の方が皇帝の印璽《いんじ》で封印され、上郡の辺地にいた扶蘇に送られたという。字数から見ても木牘一枚程度に記されていたものであろう。この事件にかかわったのは趙高と李斯であるから、作文したのは趙高か李斯であっただろうと推測されるが、とくに積極的にかかわったのは李斯よりも趙高であったと考えられる。趙高は獄法《ごくほう》に通じており、その法治の才能は始皇帝も評価していた。漢代に伝わった『蒼頡《そうけつ》』一篇の字書は、李斯の著作の「上」七章と、車府令《しゃふれい》趙高の「爰歴《えんれき》」六章と、太史令《たいしれい》胡母敬《こぼけい》の「博学」七章からなるという（『漢書《かんじょ》』芸文志《げいもんし》小学十家）から、趙高も丞相李斯に並ぶ文才があったと思われる。この偽詔では、書き手はみずから朕《ちん》と称して、亡き始皇帝に成り代わって作文しようとした。名文家の李斯であれば、より深みのある文章を書き記したはずである。始皇帝に寄り添ってきた趙高の作文であっても、趙高は始皇帝には成り切れなかったと思う。すなわち、天下をめぐって名山の神々を祭った理由を、みずからの寿命を延伸させるためであったとしている点は、晩年の心情だとは言っても始皇帝の性格から考えて独断的すぎる。さらに、自分の長子の扶蘇に対して「人子為りて不孝」、臣下の蒙恬に対して「人臣為りて不忠」という言い方をしているが、これは子や臣の側からの表現であり、皇帝の文章としては不自然である。始皇帝の公子高《こう》が二世皇帝に、父始皇帝への殉死を申し出たことばとして「人子為りて不孝、人臣為りて不忠」と言っているが、その言い方と重なる（秦始皇本紀）。

この偽詔を受け取った扶蘇は疑うこともなく、父が子に死を賜ったことに傷つき、文章の内容を疑った蒙恬の静止をよそに自害の道を選んだ。蒙恬が不審に思った理由は『史記』には記されていないが、上で指摘したような不自然な表現があったからであろう。

遺詔の一　～新たな遺詔の発見～

長子扶蘇ではなく、末子胡亥を太子とすることを決めた一方の偽詔については、『史記』には文章自体は何も残されていない。秦始皇本紀によれば、その内容は簡単に、詐《いつわ》って始皇帝が丞相に詔して子の胡亥を太子に立てるものであったという。始皇帝の遺体が咸陽に到着してからはじめて喪が発せられて皇帝の死去が通知され、そのときに太子が立って（二世）皇帝となったのは、この偽詔に従ったことになる。しかし、二〇〇九年に北京大学に寄贈された非発掘簡の前漢の竹簡のなかには、『趙正《ちょうせい》書《しょ》』と題した竹簡五〇枚があり、そこには『史記』

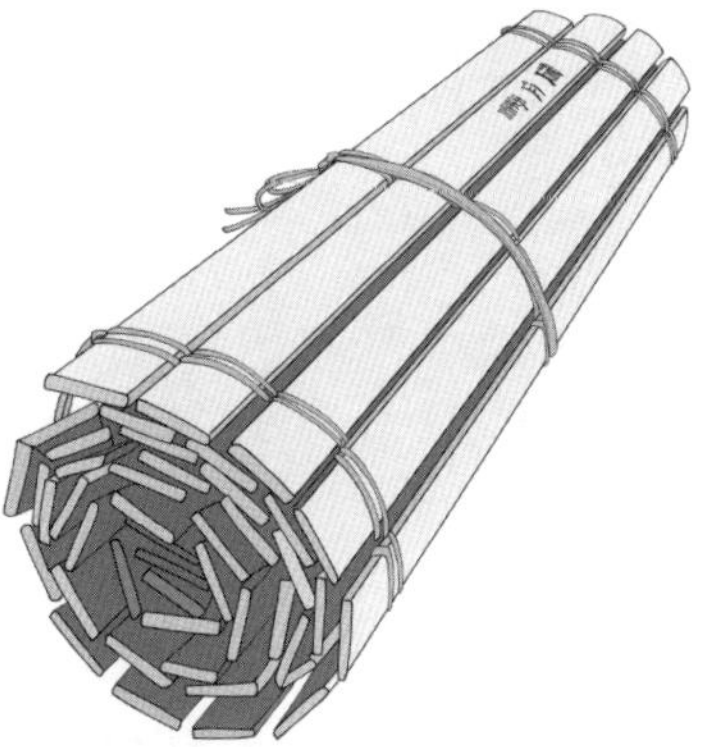

50枚の竹簡を綴じた趙正書のイメージ図
（荒見愛 作画）

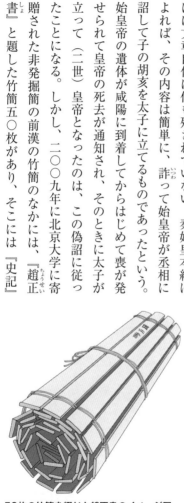

に見られたような長子扶蘇への遺詔が丞相李斯と扶蘇・蒙恬への二つの偽詔にすり替えられた事実はまったく見当たらない。

『趙正書』の内容は六つの段落に分かれ、末尾の論賛《ろんさん》部分の前にはL字形の記号が付けられているが、ほかの段落は切れ目がない。段落の内容は以下の通りである。

一　秦王（始皇帝）の発病　（第一簡〜第五簡下六字目）
二　胡亥（二世皇帝）の立太子　（第五簡下五字目〜第一六簡下一〇字目）
三　秦王の死と胡亥の即位　（第一六簡下九字目〜第二七簡下一五字目）
四　丞相李斯の上書　（第二七簡下一四字目〜第三九簡上六字目）
五　李斯、胡亥、趙高の死　（第三九簡上七字目〜第四九簡下七字目）
六　論賛　（第四九簡下六字目〜第五〇簡）

『趙正書』といっても、秦王趙正の生涯の最期の発病と死から始まり、胡亥の即位につながるので、秦王趙正の生涯の物語ではなく、秦王継承の物語と言える。次に挙げる白文で、①②③の番号を付している主要部分は『史記』にはなかった新たな始皇帝の遺詔とも読める。

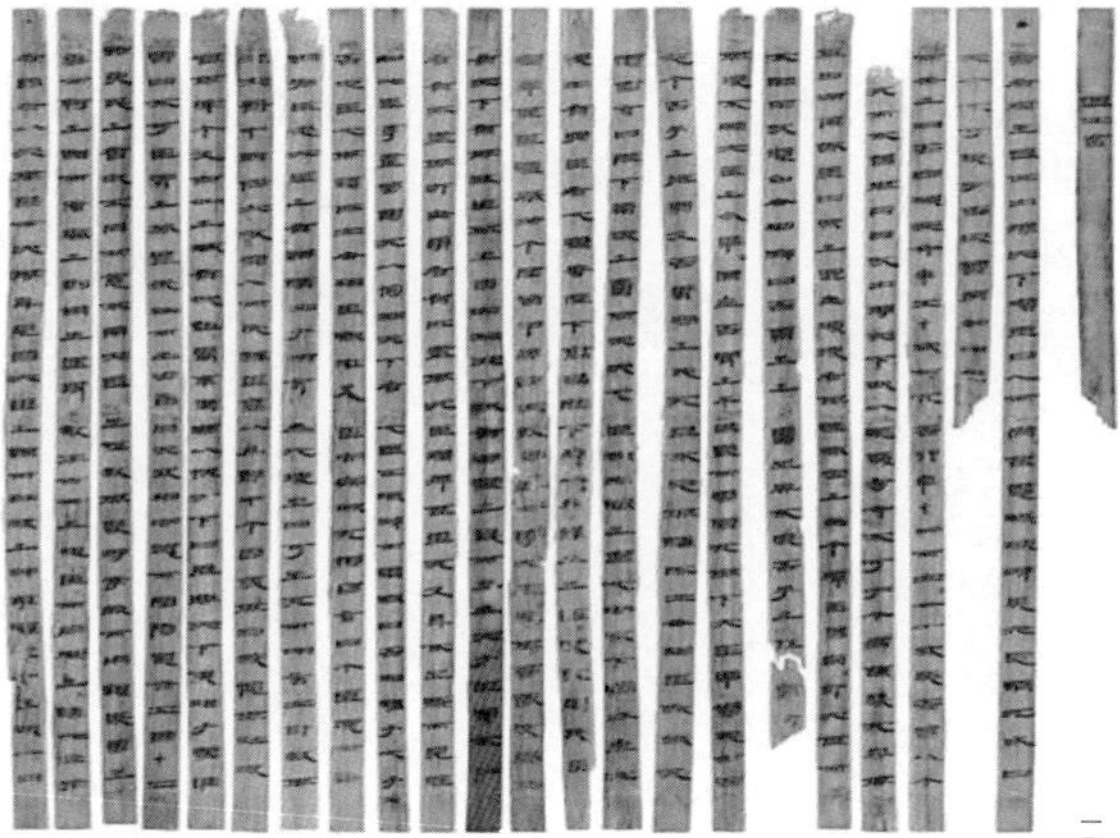

趙正書の竹簡50枚中の22枚（『北京大学蔵西漢竹書〔参〕』上海古籍出版社、2012年）
２枚目の裏に「趙正書」の書名がある。

その意味ではきわめて重要な史料の発見である。

『趙正書』では始皇帝の皇帝としての地位を一貫して認めずに秦王趙正と言っている。趙正が天下に出游《しゅつゆう》（巡行）している最中、病気が重篤になり、群臣には極秘にして丞相李斯に胡亥が後継としてふさわしいのか議論させたという。その結果、丞相李斯と御史大夫《ぎょしたいふ》の馮去疾は子の胡亥を立てて代後（後継）とすることを提案した。秦王はそれを裁可し、その直後に死を迎えた。この秦王趙正（始皇帝）と丞相李斯らのやり取りは極秘事項であり、胡亥が秦王の正統な後継者とされ、秦王趙正もそのことに納得して死を迎えたことになる。皇帝が発議し、臣下が審議して提案し、最後に皇帝が裁可する過程は、詔書が作成される正式なプロセスであり、それをそのまま示すことも一つの遺詔と言ってもよいのではないだろうか。

遺詔は皇帝一人の最終的な臨終の意志を直接示すものとは限らない。始皇帝はこれまでも臣下との議論で政策を実行してきたことが多い。その議論の過程をそのまま法令として官吏に下すことがある。秦王（始皇帝）は臨終の場において胡亥を後継とする提案をし、臣下の議論の結果を裁可した。とすると『史記』が胡亥を太子としたことも偽詔とは言えなくなってくる。武帝末期に完成した『太史公書』（『史記』）の記述よりも、それより若干早い時期に書かれた武帝初期の『趙正書』の内容の方を信頼してもおかしくはない。蒙恬の庇護《ひご》のもと、ちょうど北辺にいた長子の扶蘇に会葬を任せると『史記』が記してはいるが、それをかならずしも太子を立てたのだと解釈しなくてもよい。

①昔者秦王趙正出游天下還至白（柏）人而病病篤喟然流涕長太息謂左右曰
天命不可于（變）吾未嘗病如此悲□而告之曰吾自視天命年五十歳而死吾行年十四而立立卅
七歳矣吾當以今【歳】死而不智其月日故出游天下欲以變氣易命不可于今病篤幾死矣其亟日
夜揄（輸）趣至白泉之置毋須後者其謹微密之毋令羣臣知病病即大甚而不能前故復召丞相斯

曰吾霸王之壽足矣不奈吾子之孤弱何其後不勝大臣之紛爭爭侵主吾聞之牛馬鬪而蚊虻死其下
大臣爭齊民古（苦）吾衣（哀）令（憐）吾子之孤弱及吾蒙容之民死且不忘其議所立

②丞相臣斯昧死頓首言曰陛下萬歳之壽尚未央也且斯非秦之產也去故下秦右主左親非有強臣者
也竊善陛下高議陛下幸以為糞土之臣使教萬民臣竊幸甚臣謹奉法令陰修甲兵飭正教官鬪士尊
大臣盈其爵祿使秦并有天下有其地臣其王名立於天下執（勢）有周室之義而王為天子臣聞不
仁者有所盡其財毋勇者有所盡其死臣竊幸甚至死及身不足然而見疑如此臣等盡當僇（戮）死
以報於天下者也

③趙正流涕而謂斯曰吾非疑子也子吾忠臣也其議所立

④丞相臣斯御史臣去疾昧死頓首言曰今道遠而詔期窘（羣）臣恐大臣之有謀請立子胡亥為代後

⑤王曰可

⑥死而胡亥立即殺其兄夫（扶）胥（蘇）中尉恬

【口語訳】

①昔、秦王趙正は天下に出遊し、巡って白《はく》（柏）人《じん》に着いたときに病になった。病が重篤になったので、ため息をつき、涙を流し、また長く大きくため息をついて左右の者に言った。

「天命は変えられないのだろうか。吾はこれほどの病になったことはない。悲しいことだ。

…」

また、告げて言うには、

「吾は自分で天命を見ると、年五十歳で死ぬことになっている。十四歳を前にして即位し、三十七年間経過した。今年が死の年に当たっているが、その月日まではわからない。そこで天下に出遊し、運気を変え、天命も変えようと思うが、かなわないだろうか。いま病気が重篤になり、死を迎えようとしている。そこですみやかに日夜を継いで走らせ、白泉の駅伝の場所に到着した。後続を待たずに、密かにして群臣に病のことを知らせるな。」

病は重くなり、先に進むことができなくなって、また丞相の李斯を呼んで言う。

「吾が霸王の寿命は満ちてしまったので、残される弱き吾が子をどうしたらよいのだろうか。……自分が死んだあとに、大臣たちが争い、主君を侵そうとすることにはたえられない。『牛馬が闘ったら蚊や虻《あぶ》がその下に殺される』というのを聞いたことがある。大臣が争えば、斉民《せいみん》（人民）は苦しむものである。吾は吾子が孤独に残され、吾民がばらばらになってしまうのが可哀想でならず、死んでも心残りとなる。後継として立てるべき者を議論せよ。」

②丞相の李斯は死罪を覚悟して頭をぬかずけて言う。

「陛下は万歳《ばんさい》の寿命がまだつきていません。また私李斯は秦の生まれではありません。故郷を去って秦にへりくだり、秦の主君を優先して右に仕え、自分の親族を左に置いたのも、陛下が臣《わたくし》に強制したことではありません。陛下のご高論を善きことと考えたからであり、陛下は糞土《ふんど》（田舎者）を臣下として受け入れてくださり、万民の教化に務められたのも幸甚《こうじん》と存じます。臣は謹んで法令を奉り、裏では軍隊を治め、政治を正し、闘士を養い、大臣を尊び、爵位と俸禄《ほうろく》を十分満たしました。秦は天下を併合し、その土地を収め、六国の王を臣下とし、陛下の名声を天下に立てました。その勢いから周室の義を受け継いで、秦王を天子としました。臣は仁愛のない者でも君主に私財を尽し、勇気のない者でも君主に死を捧げることがあると聞いています。臣はこれまでのことは幸甚に思いますが、（他国の者が後継を議論して疑われて）このまま死んでは満足できません。このように疑われていますが、臣らは死罪を覚悟して天下に報いたいと思います。」
③趙正は涙を流し、李斯に言う。
「吾はおまえを疑っているのではない。おまえは吾の忠臣であることはわかっている。どうか後継を議論しなさい。」
④丞相李斯と御史大夫の馮去疾は死罪を覚悟して頭をぬかずけて言う。
「いま道は都から遠くして群臣に詔を下せば、大臣の陰謀を恐れます。御子の胡亥を立てて代後（後継）とすることを願います。」
⑤王は「よし」とした。
⑥王は死去して胡亥を立て、すぐに兄の扶胥《ふそ》（扶蘇）と中尉の蒙恬を殺した。

これだけ詳しく公文書の形式に則った内容が偽作であると見るわけにはいかない。司馬遷が『史記』のなかでは、なぜ扶蘇・蒙恬を正統の後継と考え、趙高・李斯・胡亥・王離《おうり》を非正統の政権簒奪者《さんだつしゃ》と考えるにいたったのか、今後あらためて問い直していく必要がある。『趙正書』に見る、病に罹患《りかん》して怯える秦王趙正の姿は、晩年の非常に人間的な君主の姿であり、実像に近いと思う。統一時の強い皇帝も、晩年には不安を抱えた皇帝となっている。それは一人の人間としての生涯の姿の変化であり、矛盾はしない。『趙正書』の秦王趙正はそのような晩年の時期の皇帝像にほかならない。

遺詔の二　～治世の総括～

李斯は最期、趙高との権力闘争に敗北し、獄中から二世皇帝胡亥に宛てて上書したが、それは趙高によって破棄されたという。李斯が上書しようとした文書が『史記』李斯列伝に載せられている。この文章は、李斯が秦王始皇帝に仕え、始皇帝の成功を支えてきたことをみずからの罪として七つ列挙している点が興味深い。この文章については、新出の『趙正書』の竹簡文書でもほぼ同じ内容が見られ、そちらでは、死罪を前にした李斯から秦王胡亥に上書し、胡亥に届きはしたものの聞き入れられなかったという。この部分では出土史料の『趙正書』が『史記』とほぼ一致し、『趙正書』が史料としても信頼できることを意味する。

よくまとめられた李斯の七罪は、罪という言い方とは裏腹に、亡き始皇帝の治世への賛美であり、始皇帝にとっては誇るべき功を列挙した内容であった。文章のなかでは、臣李斯の立場から始皇帝を主と言い、文書を宛てた現二世皇帝を上、陛下と言って区別している。文章から始皇帝賛美の部分だけを取り出してみると、始皇帝の遺詔の文章として治世を回顧するにふさわしい文章であるように見える。臣李斯の作文は、始皇帝自身がみずからの治世を振り返る遺詔の文章となる。獄中上書の文章は、始皇帝の治世を賛美しながら、それらを臣李斯の罪としていることに違和感を覚えて私たちは読んできたが、いまあらためて始皇帝の治世を総括する七功の文章として読み替えてもよいと思う。そうすると、丞相李斯は始皇帝の遺詔として献上する文章として準備していたのではないだろうかと思えてくる。みずからに降りかかってきた危機のなかで、七功をみずからの七罪の文章に変えることになった。それゆえに不自然さが残る文章となったのである。

ここで、『史記』の記述と、『趙正書』の記述を並べて、「七罪」をどのように述べているか比べてみたい。

冒頭文

【李斯列伝】李斯乃従獄中上書曰臣為丞相治民三十餘年矣逮秦地之陜隘先王之時秦地不過千里兵數十萬臣盡薄材謹奉法令陰行謀臣資之金玉使游説諸侯陰脩甲兵飾政教官鬬士尊功臣盛其爵祿

【趙正書】斯且死故上書曰可道其罪足以死于臣為丞相卅餘歳矣逮秦之跡〈陜〉而王之約

始時秦地方不過數百里兵不過數萬人臣謹悉意壹智陰行謀臣齎之金玉使游諸侯而陰修甲兵兵飭闘士尊大臣盈其爵祿

第一の罪

【李斯列伝】故終以脅韓弱魏破燕趙夷齊楚卒兼六國虜其王立秦為天子罪一矣

【趙正書】故冬（終）以脅韓而弱魏有破趙而夷燕代平齊楚破屠其民盡滅其國而虜其王立秦為天子者吾罪一矣

第二の罪

【李斯列伝】地非不廣又北逐胡貉南定百越以見秦之彊罪二矣

【趙正書】地非不足也北馳胡幕南入定巴蜀入南海擊大越非欲有其王以見秦之強者吾罪二矣

第三の罪

【李斯列伝】尊大臣盛其爵位以固其親罪三矣

【趙正書】尊大臣盈其爵祿以固其身者吾罪三矣

第四の罪

【李斯列伝】立社稷脩宗廟以明主之賢罪四矣

【趙正書】　更刻（刻）畫斗甬度量壹文章布之天下以樹秦之名者吾罪四矣

第五の罪

【李斯列伝】更剋畫平斗斛度量文章布之天下以樹秦之名罪五矣

【趙正書】立社稷修宗廟以明主之賢者吾罪五矣

第六の罪

【李斯列伝】治馳道興游觀以見主之得意罪六矣

【趙正書】治馳道興游觀以見王之得志者吾罪六矣

第七の罪

【李斯列伝】緩刑罰薄賦斂以遂主得衆之心萬民戴主死而不忘罪七矣

【趙正書】緩刑罰而薄賦斂以見主之德衆其惠故萬民戴主至死不忘者吾罪七矣

結びの文

【李斯列伝】若斯之為臣者罪足以死固久矣上幸盡其能力乃得至今願陛下察之書上趙高使吏弃去不奏曰囚安得上書

【趙正書】若斯之為人臣者罪足以死久矣上幸而盡其能力以至於今願上察視之秦王胡亥弗聽而遂殺斯

『趙正書』によれば、以下のような内容となる。

李斯が死を直前にして上書して言うには、「自分の罪を申し上げれば死罪に相当するでしょうか。臣が秦の丞相となって（官吏となってが正しい）三十余年過ごしてこられたのは、狭い秦の領土と秦王の倹約の気持ちがあったからです。初めは秦の領土は数百里四方にすぎず、軍隊も数万人にすぎませんでした。臣は謹んで意志と知恵を一つにし、密かに策謀の臣を（東方の）諸侯に送り、黄金と玉《ぎょく》を持たせて説得させました。密かに軍事を収め、闘士を養成し、大臣を優遇し、爵位と俸禄を十分に与えました。」

「その結果、韓を脅かし、魏を弱め、また趙を破り、燕《えん》と代を伐《う》ち、斉と楚を平定し、その民を殺し、その国をみな滅ぼし（この部分について、李斯列伝では「卒《つい》に六国を兼ね」としている）、その王を捕虜にしました。秦を立てて天子としたことが**吾罪の一**です。」

「領土は不足していませんでしたが、北は胡《こ》の民（匈奴《きょうど》）を追い、南は巴蜀《はしょく》に入って平定し、南海に入り、大越（百越）を攻撃しました。その地の王を収めようとしたわけではありませんが、秦の強さを見せつけたことが**吾罪の二**です。」

「大臣を優遇し、爵位と俸禄を十分に与え、その一族を強固にしてしまったのが**吾罪の三**です。」

「度量衡器に詔書の文章を刻み込んで規格を一つにし、秦の文章（行政文書の規格）を天下に広め、秦の名声を立てたのは**吾罪の四**です。」

「社稷《しゃしょく》を立て、宗廟《そうびょう》を修め、君主の賢さを明らかにしたのが**吾罪の五**です。」

「馳道《ちどう》を整備し、離宮を建て、王の意志が実現したことが**吾罪の六**です。」

「刑罰を緩め、税金を下げ、君主の徳を明らかにし、恩恵を増やし、万民が君主をいただくようにし、死んでも恩を忘れないようにしたことが**吾罪の七**です。」

「このようなことを行った人臣の罪が死罪に相当することは昔からのことです。しかしながら、上（秦王胡亥）は私の能力を尽くさせ、いまに至っています。どうかこのことをお察しくださるようお願い申し上げます。」

ここで挙げられた李斯の七罪を始皇帝の七功に言い換えてみると、つぎのようになる。

韓を脅かし、魏を弱め、また趙を破り、燕と代を伐ち、斉と楚を平定し、その民を殺し、その国をみな滅ぼし、その王を捕虜にしました。秦王は天子となりました。**吾功の一**です。

領土は不足していませんでしたが、北は胡の民を追い、南は巴蜀に入って平定し、南海に入り、大越を攻撃しました。その地の王を収めようとしたわけではありませんが、秦の強さを見せたことは**吾功の二**です。

大臣を優遇し、爵位と俸禄を十分に与え、その一族を強固にしたことが**吾功の三**です。

度量衡器に詔書の文章を刻み込んで規格を一つにし、秦の文章を天下に広め、秦の名声を立てたのが**吾功の四**です。

社稷を立て、宗廟を修め、君主の賢さを明らかにしたのが**吾功の五**です。

馳道を整備し、離宮を建て、王の意志を実現したことが**吾功の六**です。

刑罰を緩め、税金を下げ、君主の徳を明らかにし、恩恵を増やし、万民が君主をいただくようにし、死してもその恩を忘れないようにしたことが**吾功の七**です。

遺詔にふさわしい文章となる。

遺詔の三〜葬儀と埋葬の次第

前漢の高祖劉邦《りゅうほう》には八人の男子があり、四男の劉恒《りゅうこう》（在位前一八〇〜前一五七）は北辺の代王であったが、劉邦の死後に実権を握っていた呂后《りょこう》の一族が一掃されると、大臣らに長安に迎えられて第五代皇帝（文帝）として二十三歳で即位した。文帝は四十七歳で死を迎えたが、みずからの陵墓は父高祖劉邦の長陵の隣には置かなかった。長安城の東、滻水《さんすい》と灞水《はすい》に挟まれた丘陵に霸陵が置かれ、そこはむしろ始皇帝の酈山陵《りざんりょう》に近かった。文帝は始皇帝陵を厚葬と位置づけ、みずからは薄葬（節葬）を目指した。文帝から見れば、皇帝の陵墓は始皇帝陵、長陵、安陵（高祖の子の恵帝の陵墓）のわずか三陵しかない。なかでも始皇帝陵を十分意識していたことは間違いない。半世紀前の始皇帝を意識して下した文帝の遺詔は、長文である。始皇帝の遺詔を復元する上で大いに参考になる。

文帝は遺詔を出す前に、霸陵には金銀銅錫《きんぎんどうせき》の装飾ではなく瓦器《がき》（陶器）を収め、墳丘を築かずに民の負担を軽減すべきことを命じている。その後の臨終の遺詔ではあらためて喪を簡単にすべきこと、そして「霸陵の山川はもと通りにして改めてはいけない（霸陵山川因其故、毋有所改）」と少々謎めいたことばを残した。後漢の応劭《おうしょう》はこれを「山に埋葬し、墳丘を築かない」ことだと解した。この解釈が二〇〇〇年間も一人歩きし、文帝は「鳳凰嘴《ほうおうし》」という山に埋葬されていることになった。しかし、近年の物理探査では、この山には何も埋蔵されていないことがわかった。その代わりに南の竇《とう》皇后陵の西側で、墳丘のない大型の江村大墓《こうそんたいぼ》が発見され、一一〇もの陪葬坑《ばいそうこう》の一部から大量の陶俑が出土した。ここが新たに文帝の霸陵であることがわかったのである。地上に人工的な墳丘はなく、自然の山でもなく、平地の地下に埋葬されていた。このことが、二〇二一年十二月に国家文物局から公式発表された。

始皇帝もみずからの陵墓の造営には生前からかかわってきた。最期は文帝の遺詔のように、何を地下宮殿に埋蔵すべきかを言い残していたはずである。始皇帝陵の墳丘の東一・五キロメートルに兵馬俑坑が作られ、推定八〇〇〇体もの等身大の兵馬俑が埋まっている。兵馬俑の製造は始皇帝が天下を統一したときに始まったとも言われるが、臨終の遺詔で製造を命じた可能性もある。遺詔に記すべき三つ目の重要な内容は葬礼の内容であり、地下宮殿や陪葬坑に何を埋めるのかということにも言及したと思われる。

司馬遷は秦始皇本紀のなかで「始皇は初めて即位してから酈山を建設し、天下を并《あわ》せてから天下の刑徒七十余万人を動員した」と言っており、十三歳で即位したときから陵墓の建設が始まったと言う。しかし、それは漢代には即位の翌年から皇帝の陵墓の造営が始まったという一般の規定を述べたまでであり、秦王始皇帝には当てはまらない。始皇十六（前二三一）年の「麗邑《りゆう》を置く」（秦始皇本紀）という記事は、陵墓を守る陵邑《りょうゆう》の都市の建造を命じたものであり、始皇三十五（前二一二）年にその麗邑に三万家を移している。なぜ始皇十六年に陵邑を造営し始めたのかわからなかったが、新しい出土史料は単純明快に答えてくれた。

二〇一八年、湖北省《こほく》荊州市《けいしゅう》の胡家草場前漢墓から四〇〇〇枚以上の簡牘《かんとく》が出土し、そのなかに『歳記』という秦の昭襄王《しょうじょうおう》から始皇帝を経て前漢文帝に至る年表一六〇枚もの簡牘が出土し、始皇十六年には「麗邑を為り、麗山を作る」と連記されていたのである。陵墓と陵邑の都市を同時に造り始めたことがはじめてわかったのである。秦王二十九歳のときであり、趙や韓と戦争を続けていたときに、みずからの陵墓と、それを守るための都市を築き始めたのである。司馬遷の記事を修正しなければならない。

秦王始皇帝はみずからの陵墓への思い入れは強かっただろう。五十歳で病死した始皇帝は、後継の太子の確定、治世の総括に加えて、陵墓の完成について無言であったとは思えない。『史記』秦始皇本紀始皇三十七年条には、始皇帝陵の地下宮殿について具体的に述べられている。司馬遷はなぜ閉じられて誰も見ることのない地下宮殿の様子を知っていたのであろうか。もしその内容が遺詔に記され、その文書が漢代に残されていたとしたら、納得できる。

①九月、葬始皇酈山。②始皇初即位、穿治酈山、及并天下、天下徒送詣七十餘萬人、③穿三泉、下銅而致椁、宮観百官奇器珍怪徙臧滿之。④令匠作機弩矢、有所穿近者輒射之。⑤以水銀為百川江河大海、機相灌輸、⑥上具天文、下具地理。⑦以人魚膏為燭、度不滅者久之。

この始皇本紀の内容について、③以降を遺詔の文としてとらえると、以下のような始皇帝の命令文とも読める。

③三層の地下水脈を掘り下げ、地下水が浸透しないように銅で塞いで槨室を作り、そこに宮中や百官の珍重された器物を満たせ。

④工匠に命じて器械仕掛けの弩を具え、近づく者に発射させるようにせよ。

⑤水銀で天下の河川、江河（長江と黄河）、大海を模し、器械仕掛けで流れるように細工をせよ。

⑥陵墓の上には天文、下には地理を具えよ。

⑦人魚の膏を灯りとし、いつまでも消えることのないようにせよ。

秦始皇本紀では、この直後に二世皇帝の命令文を続ける。

⑧二世曰、「先帝後宮非有子者、出焉不宜、皆令從死」。⑨死者甚衆、葬既已下、或言工匠為機、臧皆知之、臧重即泄。大事畢、已臧、閉中羨、下外羨門、盡閉工匠臧者、無復出者。

⑩樹草木以象山。

⑧「先帝後宮非有子者、出焉不宜、皆令従死」の部分は、明らかに二世皇帝が始皇帝の後宮で始皇帝の子をもうけなかった女子を外に出すのはよくないとして、殉葬を命じた法令である。このように読んでみると、始皇帝の遺詔と二世皇帝の詔書が並ぶことになる。二世皇帝は始皇帝の遺詔を実現させ、⑨埋葬が終わると、中羨門を閉じ、外羨門を下ろし、内部の秘密を知る工匠を閉じ込めさせた。⑩草木を植え、墳丘を山のように見せた。二世皇帝は始皇帝の遺詔に反することまで行ったのである。献公（在位前三八五〜前三六二）から始皇帝の治世まで禁じられていた殉葬を復活させた。

『十二紀』の冬と死

『呂氏春秋』の『十二紀』によると、十月孟冬《もうとう》の立冬の日には、天子は臣下を率いて北の郊外で冬を迎え、死者には賞を与え、父や夫を亡くした孤寡《こか》（孤児と寡婦）に恵みを与えた。冬はまさに死の季節であった。十月孟冬の「節喪《せっそう》」章には、具体的に埋葬の方法が語られている。秦王は生前からみずからの陵墓の建設を始めていたので、『十二紀』の故事章に学ぶところが多かっただろう。

すでにふれたように、酈山（陵墓）と麗邑（陵邑）の建造の開始は始皇十六（前二三一）年であり、呂不韋の死（始皇十二〈前二三五〉年）のあとのことであることがわかった。ここでも呂不韋の存命中に始皇帝が読んでいた『十二紀』の内容が、呂不韋の死後に実践されることになる。

しかし呂不韋が集めた知識は、秦の関中の高原のものではなく、東方の、低地の大平原の地勢からきたものなので、そのまま受け入れることはなかった。『十二紀』には、「葬浅ければ則ち狐狸《こり》之を扣《たた》き、深ければ則ち水泉に及ぶ。故に凡《およ》そ葬は必ず高陵の上に於いてし、以て狐狸の患、水泉の湿を避く」とある。低地の大平原は洪水の危険があるので、埋葬地には水はけが良い所を選び、狐や狸にも掘られないように、自然の山陵に埋葬するのがよいと言うのである。このことは東方六国のような大河による洪水の危険のある平原では理にかなっている。しかし、関中平原の始皇帝の陵墓では、むしろ『史記』秦始皇本紀にあるように、遺体を腐乱させないためには「三泉《さんせん》を穿《うが》つ（三層の透水層よりも深く掘る）」ほど深く埋葬することになった。

孟冬紀の「安死《あんし》」章には、節葬（質素な埋葬）を行えば盗掘されず、死者も安心して埋葬されるとある。薄葬《はくそう》に対置するのが厚葬である。「世の丘壟《きゅうろう》を為すや、其れ高大なること山の如く、其れ樹の林の若《ごと》し。其れ闕庭《けってい》を設け、宮室を為り、賓阼《ひんそ》（賓客が宮殿に登る階段）を造るや都邑《とゆう》の若し」とある。この記述の時点では、始皇帝陵ではなく、東方の国々の君主の大墓のことを指している。司馬遷が『史記』秦始皇本紀で始皇帝陵のことに言及したことばと照合すると一致する点が多い。「草木を樹《う》え以て山を象《かたど》る」（秦始皇本紀）は『十二紀』の「其れ高大なること山の如く、其れ樹の林の若く」に一致する。「其れ闕庭を設け、宮室を為り、賓阼を造るや都邑の若し」の部分は、一見、司馬遷の「銅を下して椁《かく》を致し、宮観百官の奇器《きき》珍怪《ちんかい》徙《うつ》して臧《お》きて之に満たす」に対応するかのようである。しかし、司馬遷は地下の宮殿に地上の宮殿や官庁のめずらしい品々を収めると言っているのに対して、『十二紀』の方は、地上の墓地に都市と同じような庭園や宮殿や賓阼を設けることを言っている。現世で富を示すものであればまだしも、死者を弔うものとしては華美すぎると言っているので、地下宮殿のことではない。のちに造られる現実の始皇帝陵は墳丘を囲む二重の城壁で囲まれ、寝殿、便殿など地上建築が見られるまさに都市のような壮観な陵墓である。完成した始皇帝陵の構造は『十二紀』の記述と一致する。呂不韋が与えた帝王学の知識は、のちに確実に実行されていたことがわかる。秦王政は王で終われば薄葬であっただろうが、皇帝となったこ

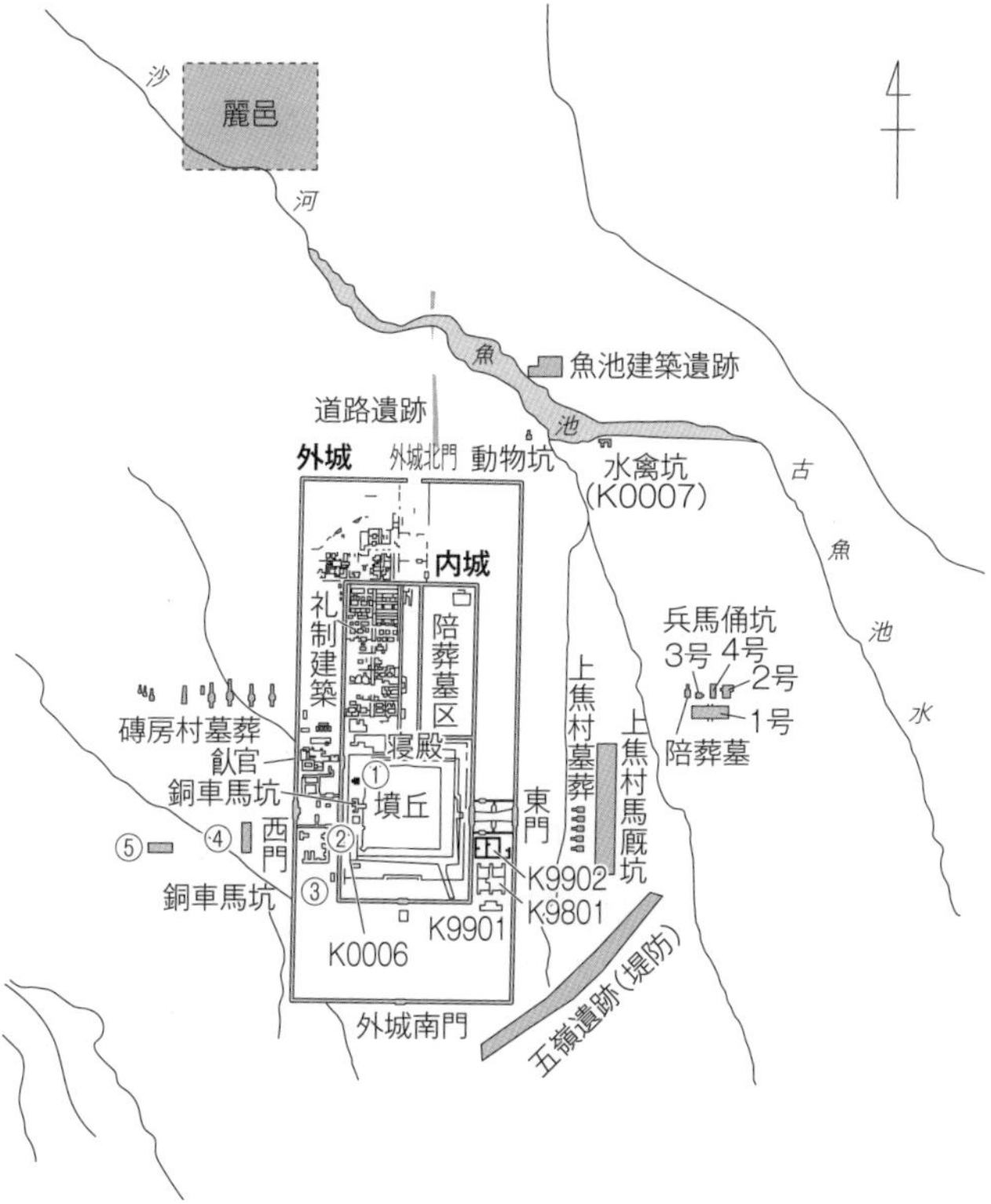

二重の城壁に囲まれた始皇帝陵と周辺の陵園の遺跡

K9902陪葬坑：府蔵坑	①甲字形陪葬墓
K9801陪葬坑：石鎧坑	②珍禽異獣坑・跪座俑坑
K9901陪葬坑：百戯俑坑	③曲尺形馬厩坑
K0006陪葬坑：文官俑坑	④趙背戸村修陵人墓地
	⑤姚池頭村修陵人墓地

とで厚葬の陵墓にしたのであろう。呂不韋が丞相のときにかかわった始皇帝の父荘襄王《そうじょうおう》の王陵は、先代の孝文王《こうぶんおう》の死後三年余りの期間で建設せざるを得なかった。薄葬の陵墓と言える。『十二紀』成立の翌年、前二四〇年に死去した荘襄王の実母、秦王政の実祖母の夏太后の陵墓が、現在発掘されている。そちらは実際に『十二紀』の記述に沿うもので、薄葬とは言えない規模の墓であった。

地下宮殿の世界

始皇帝の遺体は酈山（始皇帝陵）の墳丘の地下深くに埋葬された。その世界は「水銀を以て百川江河大海《ひゃくせんこうがたいかい》を為し、機《き》もて相《あ》い灌輸《かんゆ》し、上には天文を具《そな》え、下には地理を具う」であると『史記』秦始皇本紀は伝える。司馬遷が何を根拠にこのように述べているのか考えてみたい。司馬遷が秦の記録をもとに記述しているとしたら、その背景にはどのような思想があったのだろうか。

百川が江河すなわち江水と河水、現在の長江と黄河に流れ込み、そして二大河が東の大海に注ぐというのは、始皇帝が統一した中国の地勢そのものである。この記述は『老子』第六六章「江海《こうかい》の能《よ》く百谷《ひゃっこく》の王為《た》る所以《ゆえん》の者は、其《そ》の善く之に下るを以て、故に能く百谷の王為り」を思い起こす。百谷とは百川に通じ、小さな河川を意味する。一九九三年、湖北《こほく》省荊門《けいもん》市の郭店《かくてん》一号楚墓から出土した楚簡の『老子』は、楚文字で記された現存最古の『老子』のテキストであり、現在のテキストよりも本来の姿を残している。楚文字の百谷は百浴《ひゃくよく》と書かれ、浴の字は渓谷を流れる川を表している。百川が江水に注ぎ、最後に海に注ぐ。老子は小国を象徴するすべての河川を受け入れる長江や大海こそが王であると言う。老子は淮水《わいすい》流域の小国陳《ちん》の出身であるので、大河を南の江水だけに代表させている。始皇帝が実際に巡行で訪れた南北の大河の長江と黄河、東の大海の大きさを認識し、水銀を流してまでわざわざ地下宮殿に再現しようとしたのは、こうした『老子』の「百谷の王」を意識したからであったのだろう。『荘子《そうじ》』外篇《がいへん》秋水《しゅうすい》にも黄河の河伯《かはく》と対話した北海若《ほっかいじゃく》のことばに、「天下の水、海より大なるは莫《な》く、万川《ばんせん》之に帰す。何れの時に止まるかを知らざるも盈《み》たず」とあり、天下の河川が注ぎ込む海の無限性を強調した。「江河の流れ」は量りで数えることができないと言う。始皇帝も晩年にはこうした老荘思想に傾倒していたことがうかがえる。

老荘思想とは、老子と荘子の思想を合わせて言ったもので、ともに自然のあるがままを重視する道家に属する。老子は、李耳《りじ》、老聃《ろうたん》とも言われるが、謎めいた人物で、四人の老子の存在が語られている。春秋時代の周の守蔵室の吏、または楚の老萊子《ろうらいし》、戦国時代の周の太史儋《たん》、もしくは戦国後期の人ではないかという説もある。『老子』は『道徳経』と題され、二篇八一章、五〇〇〇字の分量がある。現在、そのテキストは郭店戦国楚簡の『老子』三一章二〇四六字にまでさかのぼることができる。馬王堆帛書《はくしょ》『老子』には甲篇（前漢高祖）と乙篇（文景帝）があり、五四六七字である。さらに北京大学蔵簡（武帝前期か前漢後期か）にも『老子』五三〇〇字が見られる。

荘子は名を周と言い、宋国の蒙《もう》で漆園《しつえん》の吏をしていたが、宋は斉・楚・魏の連合軍に滅ぼされてしまう。その後、楚の威王に宰相の地位をもって招かれた荘子は、気ままに暮らしたいとその招きを断ったという逸話が有名である。現在、『荘子』は三三篇が残っている。

始皇帝陵の世界を記した文の「上には天文を具え、下には地理を具う」という部分は、『荘子』列御寇《れつぎょこう》にある、荘子の臨終のことばを思い起こさせる。

荘子將死、弟子欲厚葬之。
荘子曰「吾以天地為棺槨、以日月為連璧、星辰為珠璣、萬物為齎送。吾葬具豈不備邪。何以加此。」
弟子曰「吾恐烏鳶之食夫子也。」

荘子曰「在上為烏鳶食、在下為螻蟻食、奪彼與此、何其偏也。」

弟子が厚葬しようとしたときに、荘子は、「吾天地を以て棺槨《かんかく》とし、日月を以て連璧《れんぺき》となし、星辰《せいしん》を以て珠璣《しゅき》となし、万物を齎送《せいそう》（葬儀の品）とす」と述べている。烏《からす》や鳶《とび》が遺体をむしばんでも怖くはないのかという問いにも、「上に在りては烏鳶《うえん》に食せられ、下に在りては螻蟻《ろうぎ》（ケラとアリ）に食せらる」と言い、どちらかを許せば不公平になるとおおらかに答えた。厚葬を拒否するも、壮大な自然のなかに埋葬されたいというのが荘子のことばの主旨である。

江海所以為百浴(谷)王以其能為百浴下是以能為百浴王

郭店楚簡の『老子』第66章の文章
（荊門市博物館編『郭店楚墓竹簡』文物出版社、1998年）

また、始皇帝陵の「上には天文を具え、下には地理を具う」という説明について、時代が下がった五世紀、北魏《ほくぎ》の『水経注《すいけいちゅう》』巻一九の渭水《いすい》注では、「上には天文星宿《せいしゅく》の象を画き、下には水銀を以て四瀆《しとく》百川五嶽《ごがく》九州となし、地理の象を具う」と解釈した。しかしながら、現実に地下宮殿（東西一七〇メートル、南北一四五メートル）や、その中心にある墓室（東西八〇メートル、南北五〇メートル）の広大な地下空間の天上に天文壁画などを描くことは難しい。兵馬俑一号坑の東西二二〇メートル、南北六〇メートルの空間を見ても、柱なしに空間を設けることは難しく、一〇の隔壁によって長い廊下に細分化されている。前漢時代の西安交通大学前漢墓の天文壁画は、わずか東西一・八三メートル、南北四・五五メートルの墓室の天上と側面に画かれていた。日本のキトラ古墳の天文壁画は、わずか幅一メートル、長さ二・六メートルの墓室の天上に画かれていた。

東海大学情報技術センターと衛星画像から始皇帝陵の自然環境を復元したときに、始皇帝陵の墳丘や二重の城壁が、驪山と渭水に挟まれた空間から割り出された南北軸に沿って測量されていることに気がついた。そしてその南北軸は現在の南北よりも東に一・四度傾いていることを確認した。始皇帝陵が造られた当時は、現在とは異なる北極星を基準に南北方向が割り出されていたのである。つまり天文（北極星）と地理（渭水と驪山）から陵墓の位置を

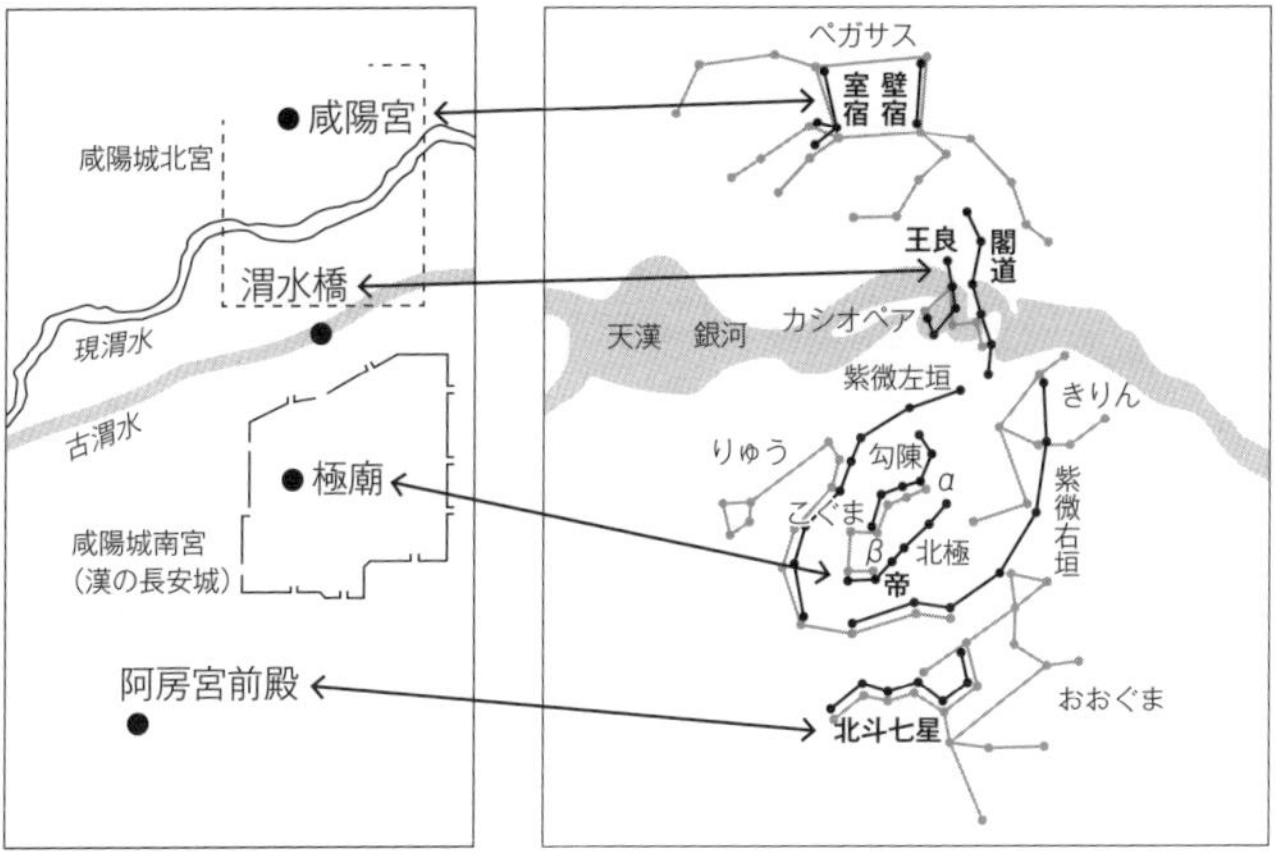

咸陽周辺と天体の対応図

咸陽宮は室宿・壁宿と、渭水橋は王良・閣道と、極廟は帝星と、阿房宮前殿は北斗七星とそれぞれ対応するような位置関係になっている。

確定することによって始皇帝の遺体を収める墓室や地下宮殿が建造されたと考えられる。天文、地理を地下宮殿のなかに再現する必要はなかったのである。荘子は天が地をおおう意味から天地そのものが棺槨であると言ったが、始皇帝陵も天地からその位置を定めたのである。「吾天地を以て棺槨とし、日月を以て連璧となし、星辰を以て珠璣となす」という荘子のことばは、始皇帝の場合、天文と地理から地下宮殿と墓室の位置を割り出すことで、みずからが天地、日月、星辰の空間に埋葬されることを意識していたのであろう。老荘の世界をみずからのものにしようとしたのである。

「三泉を穿ち、銅を下して椁を致し、宮

観百官の奇器珍怪徙して臧きて之に満たす」というのは、棺《ひつぎ》をおおう椁室《かくしつ》には宮殿や官庁にあった数々の珍しい器物から選りすぐったものを収めたということである。これはまさに荘子の言う齎送に相当し、その埋蔵品のリストが遣策《けんさく》であった。始皇帝の地下宮殿への埋蔵品リストの遣策があるとしたら、本書でふれてきた数々の書物もきっと含まれているのではないかと想像する。前書『始皇帝の地下宮殿』の続編である、本書『始皇帝の愛読書』の執筆の目的は以上で果たせたのではないかと思う。

著者紹介

鶴間 和幸　つるま　かずゆき

1950年生まれ。東京大学大学院人文科学研究科博士課程単位取得退学。
博士（文学）
専攻、中国古代史
学習院大学名誉教授

主要著書

『人間・始皇帝』（岩波新書、2015年）
『中国の歴史3　ファーストエンペラーの遺産――秦漢帝国』（講談社学術文庫、2020年）
『始皇帝の地下宮殿――隠された埋蔵品の真相』（山川出版社、2021年）
『新説 始皇帝学』（カンゼン、2022年）

始皇帝《しこうてい》の愛読書《あいどくしょ》
帝王《ていおう》を支《ささ》えた書物《しょもつ》の変遷《へんせん》

2023年3月 1 日　第1版第1刷　印刷
2023年3月10日　第1版第1刷　発行

著者　鶴間和幸《つるまかずゆき》
発行者　野澤武史

発行所　株式会社 山川出版社
〒101-0047　東京都千代田区内神田1-13-13
電話　03（3293）8131（営業）　03（3293）1802（編集）
https://www.yamakawa.co.jp/
振替 00120-9-43993

印刷所　株式会社プロスト
製本所　株式会社ブロケード
装幀　グラフ
本文デザイン・組版　株式会社明昌堂

Printed in Japan　ISBN 978-4-634-15216-8

本書で取り上げた書物一覧

帝王学の書

『商君書』帝王之業
「李斯の書」
　「成帝業為天下一統」
『韓非（韓非子）』孤憤篇・五蠹篇
『呂氏春秋』（特に『十二紀』）
〈一般教養として〉
　『詩経』
　『尚書』
　『論語』
　『礼記』

外交と戦争の書

「兵法書」
　『公孫鞅』
　『孫子（孫武）』
　『孫子（孫臏）』
「戦国縦横家書」
　『蘇子（蘇秦）』
　『張子（張儀）』
　『龐涓』など
『呂氏春秋』（特に『十二紀』）
「李斯の書」
　「上書逐客」
　「上書韓王」
　「議存韓」
『墨子』
『志怪故事』
『泰原有死者』
「茅焦の上書」
「尉繚の上書」
「賤臣筡西問秦王」

天下統一の書

「議帝号」
『呂氏春秋』
　『八覧』（特に有始覧）
　『十二紀』
『逸周書』謚法解
『五徳終始』（『鄒子終始』）
『蒼頡』
『爰歴』
『博学』
『為吏之道』
『為吏治官及黔首』
『秦律』
「李斯の書」
　「議廃封建」
　「議刻金石」
　「金戎名」
　「玉璽文」
　「七刻石文」
『論語』
『楚辞』

晩年の書

「李斯の書」
　「議焼詩書百家語」
　「獄中上書」
「卜筮の書」
『日書』
『占夢書』
『易経』
『連山』
『帰蔵』
『周易』
『医書』
『録図書』
「徐市の上書」
『呂氏春秋』
　『十二紀』（制楽章など）
『老子』
『荘子』
『趙正書』

始皇帝関連年表

年号	西暦	年齢	出来事
昭(襄)王29	前278	—	白起が楚都の郢を落とし、南郡を置く
昭王47	前260	—	白起が長平にて趙に大勝をおさめる
昭王48	前259	1	**趙正（嬴政・趙政のちの始皇帝）が趙の邯鄲で生まれる**
			秦が趙の武安君を討ち、邯鄲に迫る
昭王50	前257	3	王齕、邯鄲を攻略できず汾城郊外に撤退
			趙正の父・子楚が邯鄲を脱出して秦に戻る
昭王51	前256	4	周最後の赧王亡くなる
昭王52	前255	5	昭（襄）王、摎に命じて**西周君を服属させ、周滅ぶ**
昭王56	前251	9	昭王死去
孝文王元	前250	10	孝文王が即位するが3日後に死去
			子楚が荘襄王として即位（この頃、**趙正が秦に帰国**）
荘襄王元	前249	11	呂不韋が相邦となる
			秦が**東周君を服属させる**
荘襄王3	前247	13	魏の信陵君が率いる5ヶ国合従軍に秦軍が破れる
			王齮（齕）が上党を攻め取り、太（泰）原郡を置く
			荘襄王が死去し、趙正が秦王となる
始皇元	前246	14	晋陽で反乱が起こり、蒙驁がこれを平定する
			韓の鄭国が秦に入国し、**鄭国渠の造営が始まる**
始皇6	前241	19	韓、魏、趙、衛、楚の5ヶ国が合従して秦に侵攻
			趙の龐煖率いる趙・楚・魏・燕4ヶ国の軍が秦に侵攻
			秦が衛を攻め、衛君角を野王に追う
始皇7	前240	20	彗星が西方に現れる（ハレー彗星の出現）
始皇8	前239	21	謀反を起こした弟の長安君成蟜を討つ
			嫪毐が長信侯に封じられる
始皇9	前238	22	**嫪毐の乱**が起こる。鎮圧し、嫪毐らを車裂きに処す
			秦王が母太后を雍城に移す
始皇10	前237	23	呂不韋が嫪毐の反乱に連坐して相邦を罷免される
			斉人茅焦の説得により、秦王が母太后を咸陽に戻す
			逐客令が出されるが、**李斯の進言により撤回**される
			秦王が尉繚と対面する
始皇11	前236	24	王翦、桓齮、楊端和が趙の鄴を陥とす
始皇12	前235	25	**呂不韋が自決**する

始皇14	前233	27	秦を訪れた**韓非が李斯の謀略により自殺**
始皇15	前232	28	秦の人質になっていた太子丹が燕に帰国する
始皇16	前231	29	韓より南陽を譲られ、騰を仮の郡守とする
			秦において、男子に年齢を申告させる
			麗邑を置き、酈山陵を造営し始める
始皇17	前230	30	騰が韓を攻め、韓王安を捕虜とする（**韓の滅亡**）
始皇18	前229	31	王翦、楊端和、羌瘣が大軍をもって趙に侵攻
			趙王遷が郭開の讒言により李牧を粛清
始皇19	前228	32	王翦、羌瘣が趙王遷を平陽で捕虜とする（**趙の滅亡**）
			秦王、邯鄲にて母家と確執のあった者を穴埋めに処す
			秦王の母太后が死去
			趙の公子嘉が代で王となり自立
始皇20	前227	33	荊軻による秦王暗殺未遂事件が起こる
			王翦と辛勝が燕に侵攻、燕・代連合軍を破る
始皇21	前226	34	王翦・王賁が燕都の薊を落とし、太子丹の首を取る（白起王翦列伝では李信が捕虜にしている）
始皇22	前225	35	王賁が大梁を攻め、魏王假を降伏させる（**魏の滅亡**）
			李信と蒙恬が楚を攻めるが、楚の項燕に敗れる
始皇23	前224	36	王翦が楚に侵攻。項燕を破り、寿春を包囲する
			四月に昌文君死去。秦王、郢と陳に赴く
始皇24	前223	37	王翦と蒙武が楚王負芻を捕虜とする（**楚の滅亡**）
始皇25	前222	38	王賁が燕王喜と代王嘉を捕虜とする（**燕、代の滅亡**）
			王翦、江南の地を平定し、会稽郡を置く
			秦王、五ヶ国を滅ぼしたことを賀し宴会の開催を許可
始皇26	前221	39	王賁が斉王建を捕虜とする（**斉の滅亡**）。**秦が天下統一**
			秦王、皇帝を号し、**諡号廃止。「始皇帝」を名乗る**
			李斯の発言を容れ、**郡県制を敷く**
			度量衡・車幅・文字の統一などを行う
			旧六国の武器を回収して金人十二体を咸陽に作る
始皇27	前220	40	隴西、北地、鶏頭山を巡遊する（**第一回巡行**）
			湘山を訪れ、駱翠山以南の樹の伐採を禁ずる
			咸陽を中心とした馳道を建設する
始皇28	前219	41	東方を巡行し、泰山封禅を行う（**第二回巡行**）
			琅邪台刻石を立てる

始皇28	前219	41	徐市に僊人（仙人）を求めさせる
			長江を船で渡った際、湘山祠で大風に遭う
始皇29	前218	42	再び東方の地を巡行（**第三回巡行**）
始皇31	前216	44	臘（12月の祭の名）を嘉平と改め、黔首に施しを行う
始皇32	前215	45	盧生に僊人を探させ、碣石門に文を刻む（**第四回巡行**）
			盧生が録図書を奉ずる
			蒙恬が北方の胡を討ち、河南の地を取る（**匈奴侵攻**）
始皇33	前214	46	陸梁を占領。桂林・象・南海の三郡を置く（**百越侵攻**）
			蒙恬が黄河北部の地を占領。流罪人を移し、県とする
始皇34	前213	47	長城と南越の砦を築く
			淳于越の提言に反論して、**李斯が焚書令を提言**する
始皇35	前212	48	刑徒70万人を酈山陵と阿房宮の造営に動員する
			盧生、侯生が始皇帝を批判して逃亡。始皇帝、諸生（学者）460余人を穴埋めにする（**坑儒**）
			坑儒を批判した長子扶蘇を北方の蒙恬の元に送る
始皇36	前211	49	落下した隕石に、ある者が始皇帝の死を刻む
			華陰の平舒道で璧を持った男が始皇帝の死を予言
			北河と楡中に3万戸を移住させ、爵一級を与える
始皇37	前210	50	李斯、末子の胡亥らと巡行に出る（**第五回巡行**）
			平原津で病となり、長子扶蘇への**遺詔を作成する**
			沙丘の平台にて**始皇帝崩御**
			趙高、李斯と謀って末子胡亥を太子とする
			扶蘇と蒙括、始皇帝の名で死を賜る
			咸陽で始皇帝の死が発表され、胡亥が二世皇帝となる
			始皇帝、驪山の北に葬られる
二世元	前209	—	胡亥、全国への巡行を実施する
			陳勝・呉広の乱が起こる
			項羽、劉邦がそれぞれ反秦の兵を起こす
二世2	前208	—	陳勝・呉広の乱が鎮圧される
二世3	前207	—	趙高の讒言により李斯が刑死し、趙高が丞相となる
			趙高が二世皇帝を弑逆し、子嬰を擁立する
			趙高が子嬰によって暗殺される
漢元年	前206	—	子嬰が武関を破った劉邦に降伏する（**秦滅亡**）

参考文献

【序章】

冨谷至『木簡・竹簡の語る中国古代―書記の文化史』岩波書店、2003年

野間文史『春秋事語』馬王堆出土文献訳注叢書、東方書店、2007年

《雲夢睡虎地秦墓》編写組『雲夢睡虎地秦墓』文物出版社、1981年

顧実『漢書芸文志講疏』上海商務印書館、1927年

銭存訓著、宇津木章・沢谷昭次・竹之内信子・廣瀬洋子訳『中国古代書籍史―竹帛に書す―』法政大学出版局刊、1980年

大庭脩『木簡学入門』講談社学術文庫、1984年

大庭脩編著『木簡-古代からのメッセージ』大修館書店、1998年

陳偉著、湯浅邦弘監訳、草野友子・曹方向訳『竹簡学入門　楚簡冊を中心として』東方書店、2016年

冨谷至『文書行政の漢帝国―木簡・竹簡の時代』名古屋大学出版会、2010年

汪桂海『秦漢簡牘探研』文津出版（台北)、2009年

横田恭三『中国古代簡牘のすべて』二玄社、2012年

趙超『簡牘帛書発現與研究』福建人民出版社、2005年

黄文傑『秦至漢初簡帛文字研究』商務印書館、2008年

鈴木由次郎『漢書藝文志』明徳出版社、1968年

裘錫圭著・早稲田大学中国古籍文化研究所文字学研究班訳『文字学概要―〔前篇〕漢字の誕生とその発展―』中国古籍研究所早稲田大学、2004年

李均明・劉軍『簡牘文字学』広西教育出版社、1999年

鄭有国編著『簡牘学総論』華東師範大学出版社、2008年

朱漢民・陳松長主編『嶽麓書院蔵秦簡』壱～柒、上海辞書出版社、2010～2022年

北京大学出土文献研究所「北京大学蔵秦簡概述」『文物』2012年第6期

【第一章】

金谷治訳注『韓非子』全4冊、岩波文庫、1994年

町田三郎『韓非子』上下、中公文庫、1992年

【第二章】

陳奇猷『呂氏春秋校釋』上下猷、学林出版社、1984年

楠山春樹『『呂氏春秋』』上中下、明治書院、1996年
町田三郎『『呂氏春秋』』講談社学術文庫、2005年
〈「睡虎地秦簡」に関して〉
睡虎地秦墓竹簡整理小組『睡虎地秦墓竹簡』文物出版社、1990年
〈「歳記」に関して〉
李志芳・蔣魯敬「湖北荆州市胡家草場西漢墓M12出土簡牘概述」『考古』2020年第2期
〈「志怪故事」に関して〉
甘粛省文物考古研究所編『天水放馬灘秦簡』中華書局、2009年
孫占宇著・張徳芳主編『天水放馬灘秦簡集釋』甘粛文化出版社、2013年
海老根量介「放馬灘秦簡鈔写年代蠡測」武漢大学簡帛研究中心主弁『簡帛』第七輯、上海古籍出版社、2012年
池澤優「甘粛省天水放馬灘一号墓「志怪故事」注記」『出土資料と漢字文化圏』汲古書院、2018年
馬軼男「放馬灘秦簡《丹》篇文本性質的再思考」『国学学刊』2019年第2期
劉信芳「秦簡〝丹而復生〟與〝泰原有死者〟合論」『考古與文物』2020年第6期
〈「太原有死者」に関して〉
李零「北大秦牘《泰原有死者》簡介」『文物』2012年第6期
池澤優「北京大学蔵秦牘「泰原有死者」考釋」『中国出土資料の多角的研究』研文書院、2018年
〈「賤臣筡西問秦王」觚に関して〉
湖北省文物考古研究所等「湖北雲夢県鄭家湖墓地2021年発掘簡報」『考古』2022年第2期
李天虹・熊佳暉・蔡丹・羅運兵「湖北雲夢鄭家湖墓地M274出土〝賤臣筡西問秦王〟觚」『文物』2022年第3期

【第三章】
黄徳寛主編、清華大学出土文献研究與保護中心編『清華大学蔵戦国竹簡』中西書局
柯馬丁『秦始皇石刻　早期中国的文本與儀式』劉倩訳、楊治宜・梅麗校、上海古籍出版社、2015年
江西省文物考古研究所等「南昌市西漢海昏侯墓」『文物』2016年第7期
江西省文物考古研究所、首都博物館編『五色炫曜-南昌漢代海昏侯国考古成果』

江西人民出版社、2016年
徐在国・顧王楽「安徽大学蔵戦国竹簡《仲尼》篇初探」『文物』2022年第3期
邢義田（廣瀬薫雄訳）「漢代の『蒼頡篇』、『急就篇』、八体と「史書」の問題—秦漢時代の官吏はいかにして文字を学んだか—」藤田勝久・松原弘宣編『東アジア出土資料と情報伝達』汲古書院、2011年

【第四章】

中国社会科学院考古研究所・河北省文物管理処『満城漢墓発掘報告』上下、文物出版社、1980年
国家文物局主編『中国重要考古発現　2008』文物出版社、2009年
「湖北睡虎地M11発掘簡報」『江漢考古』2008年第4期
高村武幸編「睡虎地77号漢墓簡牘文書、簿籍類釈文集」
川村潮「『帰蔵』の伝承に関する一考察—附、『帰蔵』佚文輯校」『早稲田大学大学院文学研究科紀要』第4分冊、2006年

【終章】

〈「趙正書」に関して〉

趙化成「北大蔵西漢竹書〈趙正書〉簡説」『文物』2011年、第六期
藤田忠「北京大学蔵西漢竹書『趙正書』について」『国士舘人文学』第44巻、2012年
工藤卓司「北京大学蔵西漢竹書『趙正書』における「秦」叙述」『中国研究週刊』第63巻、2017年
早稲田大学簡帛研究会「北京大学蔵西漢竹書『趙正書』訳注」『史滴』第40号、2018年
蜂屋邦夫訳注『老子』岩波新書、2008年
池田知久『老子』講談社学術文庫、2019年
池田知久『荘子』上下、講談社学術文庫、2017年
金谷治『荘子』全四冊、岩波文庫、1983年
荊門市博物館編『郭店楚墓竹簡』文物出版社、1998年

写真提供：ユニフォトプレス…p35、40
ほか、キャプションに特に表記のないものについては著者提供